Revolution der zärtlichen Liebe

Vademecum zur Familiensynode und zum Jahr der Barmherzigkeit

von Holger Dörnemann

Bibliografische Information der Deutschen Nationalbibliothek:
Die Deutsche Nationalbibliothek verzeichnet diese Publikation in
der Deutschen Nationalbibliografie; detaillierte bibliografische
Daten sind im Internet unter http://dnb.dnb.de abrufbar.

2., durchgesehene Auflage
© 2015 Holger Dörnemann
Umschlagbild: © Andrea Göppel
Herstellung und Verlag:
BoD – Books on Demand, Norderstedt

ISBN: 9783738640618

Inhalt

**I. Beiträge zur III. Außerordentlichen
Bischofssynode zu den ‚Pastoralen Herausforderungen im Hinblick auf die Familie im Kontext der Evangelisierung' vom 5.-19. Oktober
2014 in Rom**

II. Beiträge zum synodalen Prozess der Vorbereitung der XIV. Ordentlichen Bischofssynode „Die Berufung und Mission der Familie in der Kirche in der modernen Welt" vom 4.-25. Oktober 2015 in Rom

Vorwort

„Ich glaube, dass dies die Zeit der Barmherzigkeit ist", sagte Papst Franziskus beim Rückflug vom Weltjugendtag am 28.7.2013, bevor er kurze Zeit später eine Außerordentliche Bischofssynode zu den „pastoralen Herausforderungen der Familie im Rahmen der Evangelisierung" für das Jahr 2014 einberief und alle Teilkirchen weltweit in einem insgesamt zwei Jahre während synodalen Prozess daran beteiligte. Nach der Auswertung eines mit dem Synoden-Schlussdokument des letzten Jahres versandten Fragebogens bildet die vom 4. bis 25.10.2015 angesetzte XIV. Ordentliche Bischofssynode die entscheidende Schlussetappe, von deren Verlauf konkrete Leitlinien für eine zeitgemäße Seelsorge und Antworten auf zahlreiche Einzelfragen erwartet werden.

Auf der Webseite ‚Familiensynode.blogspot.de' habe ich die Entwicklungen des synodalen Prozesses der letzten Monate verfolgt. Dieser Blog wurde für mich selbst, aber nach der Statistik auch für 20.000 Besucher/innen ein ‚Vademecum' auf diesem Weg. Die Buchversion ergänzt den Blog für alle, die auf der Schlussetappe noch einmal zurückblicken und über die Verzeichnisse auch weitere Informationen suchen möchten. Der Titel ‚Revolution der zärtlichen Liebe' (*EG 88*) erklärt sich über die letzten beiden Beiträge.

Köln, am 1. September 2015   *Holger Dörnemann*

Die Synode ist eine Sensation – oder um was es geht...

Diese Synode ist eine Sensation. Denn die Fragen, um die es geht, sind ja im Grunde gar keine offenen, sondern längst entschiedene – an prominenter Stelle nachzulesen –, verbindliche Lehre. Ein bekannter, theologisch nicht so zart besaiteter und handwerklich denkender Freund sagte mir, dass sie 'mit Zement angerührt seien, denn auf alle offenen Fragen gebe es doch eindeutige Antworten'. Und er hat – von dem mehr unangemessenen Wortspiel abgesehen – insofern recht, als die kirchliche Lehre doch eindeutig formuliert ist:

Nichteheliche Verhältnisse verstoßen gegen das moralische Gesetz, sind schwere Sünde und die in ihnen lebenden Menschen ebenso vom Empfang der Kommunion ausgeschlossen (vgl. KKK 2390) wie in homosexueller Partnerschaft lebende Menschen, die gegen das natürliche Gesetz verstoßen, wenn sie

9

wider die ihnen auferlegte Keuschheit miteinander verkehren (vgl. KKK 2357). Und auch wiederverheiratet Geschiedene sind ihr Leben lang vom Empfang der Sakramente ausgeschlossen, insofern sie dauerhaft in einer Todsünde verharren (vgl. CIC Can. 915). Dass diese und andere schwierige Themen – wie der Umgang mit Methoden der Empfängnisregelung – zur Diskussion gestellt werden könnten, ist von der reinen Sachlage eigentlich unmöglich. Und die Frage wird sein, wie ich es in dem gestern veröffentlichten Interview der Kölner Kirchenzeitung versuchte auf den Punkt zu bringen:

"Mit dem Thema der wiederverheirateten Geschiedenen ist das Thema von nichtehelichen Lebensgemeinschaften angesprochen und dort die Frage, ob wir den Menschen in irgendeiner Weise eine Anerkennung zusprechen können, ohne zu sagen, was sie jeweils nicht sind. Einige Überlegungen gehen sogar dahin, dass gegebenenfalls eine sakramentale Kongruenz, eine beschreibbare Form sakramentaler Entsprechung, bestehen kann, um wiederverheiratete Geschiedene auch zu den Sakramenten zuzulassen. Die anderen Fragen sind ganz ähnlich: Ob wir wertschätzend etwas zu neuen Familienformen, zu homosexuellen Partnerschaften und anderen Lebensgemeinschaften sagen können und wie wir das Thema Sexualität, verantwortete Elternschaft und die Bedeutung des Gewissens neu ansprechen."(Kirchenzeitung für das Erzbistum Köln Nr. 40-41/14 vom 3.10.14)

Die Fragen waren und sind eigentlich längst entschieden und auch hinreichend – das hat die Umfrage ja auch deutlich gemacht – bekannt, dass deren Nichtrezeption nicht einfach als ein Vermittlungsproblem erklärt und abgetan werden könnte. Und sie sind mit an Deutlichkeit nicht zu überbietender und auch jugendgemäß weiterentwickelter Weise – wie etwa im Youcat-Katechismus – didaktisch aufbereitet, selbst wenn das Thema in der Praxis des Gemeindealltags (vielfach sagen mir bekannte Seelsorger, sie hätten noch nie und bewusst nicht über Themen der Sexualität gepredigt) leider Gottes keine Rolle mehr spielt. Die Erwartungshaltung, dass sich den Themen in anderer Weise genähert wird, ist also eine Sensation, aber zugleich auch ein selbstgewähltes Dilemma der Synode. Und die Frage wird sein, wie in Rom und der nachfolgenden Zeit der ja weitergehenden synodalen Beratung über diese Themen – über die lange geschwiegen wurde und beinahe die Sprache fehlt – neu und offen gesprochen werden wird und kann.

Warum sich dabei alles an dem Thema des „in absoluten Ausnahmefällen möglichen Kommunion für wiederverheiratet Geschiedene" festmacht (in einschlägigen Medien wird sich oft gewundert über dieses "katholische Insiderproblem"), berührt dabei – wie in einem Brennglas verdichtet – den nämlichen, oben angesprochenen Begründungszusammenhang.

Und das eigentlich von der Lehre her Ausgeschlossene und Unmögliche, dass die neue Beziehung eines in zweiter, ziviler Ehe lebenden Menschen nicht ausschließlich als ‚schwere Sünde‘ oder ‚Todsünde‘ angesehen wird, sondern als etwas, das in einer bestimmten Weise eine Form sakramentaler Entsprechung, die Zulassung zum Kommunionempfang und den Sakramenten möglich machen kann, ist die Argumentation, der sich die Mehrheit der deutschen Bischöfe nach Aussage von Kardinal Reinhard Marx angeschlossen haben und von deutscher Seite auf der Synode in Rom vortragen wird (vgl. Pressemeldung Nr. 165 der DBK vom 26.9.2014). Dass in dieser Argumentation eine Weise der Barmherzigkeit und der Gerechtigkeit miteinander verbunden sind, wird aus der Begründung deutlich, die sich der Argumentation – wie auf der abschließenden Pressekonferenz der Deutschen Bischofskonferenz am 26.9.2014 ins Wort gebracht (s. ebd.) – und dem Gedankengang Kardinal Walter Kaspers und seiner Rede vor dem Konsistorium vom 20. Februar 2014 dieses Jahres anschließt.

Wie die Synode dieses und des nächsten Jahres dieses Thema und alle anderen aufgeworfenen 'heißen Eisen' und Lebensthemen neu ansprechen, reformulieren, vertiefen, vermitteln wird,... das wird die spannende Frage der nächsten Wochen, ja der gesamten nächsten 12 Monate sein. Wir dürfen gespannt sein – und sind schon bald beteiligt an dem synodalen Prozess, der alle Katholiken weltweit in zwei Wochen einbegreifen wird. Aufgerufen sind wir schon jetzt zum Mitdenken, nicht minder zum Gebet.

Was alles neu ist bei der ersten Synode unter der Leitung von Papst Franziskus

Die kommende Synode ist in vielerlei Hinsicht eine Besonderheit. Direkt mit dem Beginn setzt Papst Franziskus bei der ersten Bischofssynode unter seiner Leitung Akzente:

Der öffentlich gefeierte Eröffnungsgottesdienst der Bischofssynode am heutigen Sonntag, den 5.10.2014 mit allen Synodalen im Petersdom ist der erste von insgesamt drei öffentlichen – auch in Deutschland live im Internet zu verfolgenden – Gottesdiensten, deren nächste am So., den 12.10. und zum Abschluss am So., den 19.10.2014 (mit Seligsprechung des Konzilspapstes Paul VI.) die Synode rahmen werden. Aber nicht nur diese Weise, das Volk Gottes über die weltweite Umfrage und Beteiligung aller Ortskirchen an dem Verlauf Familiensynode einzubeziehen, ist neu. Auch das Verfahren, die Öffentlichkeitsarbeit und die Weise der Ergebnisdokumentation ist verändert, transparenter und dynamisiert, so dass jeder interessierte Beobachter sehr nah das Geschehen verfolgen, sich einbezogen fühlen kann.

Indem die Teilnehmenden bei dieser Synode gebeten waren, ihre Statements im Voraus einzuschicken, wird ihnen dieses Mal zugleich die Möglichkeit gegeben, ihre Gedanken mündlich vorzutragen. Sie sind bei der Versammlung, die am morgigen Montag, den 6.10. um 9:00 ihre Arbeit aufnimmt, aufgefordert - jeweils vier Minuten lang -frei zu sprechen und ihre Gedanken zur Debatte zu stellen. Bewusst wird mit dieser Änderung des Procederes eine Dynamisierung des Austausches angezielt, wie der Generalsekretär Kardinal Lorenzo Baldisseri am 29.9.2014 in einer Pressekonferenz auf den Punkt brachte:

„Es ist wichtig, sich klar und mutig zu äußern. Das eigene Denken mitzuteilen zeigt die Qualität des Menschen und macht ihn verantwortlich vor Gott und den Menschen. Innerhalb eines Klimas der Gelassenheit und der Ehrlichkeit sind die Teilnehmer dazu gerufen, nicht ihren eigenen Standpunkt als exklusiv darzustellen, sondern zusammen nach der Wahrheit zu suchen."

„Papst Franziskus will [...] die Möglichkeit geben, in völliger Freiheit sprechen zu dürfen. Da kann es ja sein, dass es einmal eine Idee gibt, die sich außerhalb des Bildes befindet. Würden wir uns an strikte Regelungen halten, dann wäre es nicht möglich, solche außerplanmäßigen Ideen einzubringen. Wir wollen aber Änderungen und Anpassungen ermöglichen!",

so der Generalsekretär Kardinal Lorenzo Baldisseri weiter in der Pressekonferenz am 3.10.2014.

Ebenfalls anders als bei den bisherigen Bischofssynoden sollen die schriftlichen Beiträge der Synoden-Teilnehmer nicht gesammelt dokumentiert werden, sondern unter Einbezug der mündlichen Statements tagesaktuell in einen Text des Vatikanischen Pressesaals fließen, der als Zusammenfassung der Arbeiten des jeweiligen Tages – gleich einem Ergebnisprotokoll – den Verlauf wie den Fortschritt der Bischofssynode dokumentiert. D.h. jeden Tag wird ein Stück weit mehr etwas von dem 'Bild' offenbar werden, von dem Kardinal Baldisseri am 29.9.2014 zum wiederholten Male sagte, dass es mit der diesjährigen Bischofssynode in neuer Weise die Neubelebung des synodalen Gedankens ausdrücken solle.

Und neu ist auch, dass im Zuge des Pressebriefings – täglich wechselnd – auch einige Synodenväter teilnehmen werden. Die darüber veröffentlichten Nachrichten und O-Töne werden jeden Tag mehreinen Einblick in das Geschehen in Rom geben, das sich thematisch an der Reihenfolge der im Arbeitspapier ‚Instrumentum laboris' aufgeführten Gliederung orientieren wird. Darüber hinaus wird man auch über Newsletter hinaus den Kurznachrichtendienst Twitter nutzen, um „in Echtzeit" Neuigkeiten zur Synode zu verbreiten.

In allem wird deutlich: Papst Franziskus ist es ein Anliegen, die besten Möglichkeiten zu bieten, die Synode vom Heiligen Geist leiten und das gesamte Volk Gottes daran zu Anteil nehmen zu lassen. Daraufhin ermutigte Papst Franziskus die Synodalen in seiner Predigt zur Eröffnung gleich in zweifacher Weise:

„Der Geist schenkt uns die Weisheit, die über das Wissen hinausgeht, um großherzig in wahrer Freiheit und demütiger Kreativität zu arbeiten."

Eindringlich hatte Papst Franziskus bereits am Vorabend der Eröffnung der Bischofssynode – in einer Vigilfeier – die Synoden-Teilnehmer aufgefordert den „Schrei des Volkes" und den „Herzschlag der Zeit" wahrzunehmen:

„Vom Heiligen Geist erbitten wir für die Synodenväter vor allem die Gabe des Zuhörens. [...] Daneben erbitten wir die Bereitschaft für eine ehrliche Auseinandersetzung, offen und brüderlich, die uns die Fragen angehen lässt, die sich in dieser Zeit des Wandels stellen."

Im Geist der Synodalität –
oder wie die Bischofssynode begann

'Welch ein Papst', dachte ich bereits heute Vormittag in ferner Erinnerung an das II. Vatikanische Konzil, nachdem Papst Franziskus zu Beginn der Synode für alle Synodalen einen „Geist der Synodalität" beschwor und nochmals eindringlich zu einer offenen, freien Rede aufrief:

"Eine Grundbedingung dafür ist es, offen zu sprechen. Keiner soll sagen:‚Das kann man nicht sagen, sonst könnte ja jemand von mir so oder so denken...' Alles muss ausgesprochen werden, was jemand sich zu sagen gedrängt fühlt! [...] Man muss alles sagen, was man sich im Herrn zu sagen gedrängt fühlt: ohne menschliche Rücksichten, ohne Zögern!" (Pressemeldung von Radio Vatikan vom 6.10.2014)

Diese Ermutigung gilt den Synoden-Teilnehmern in erster Linie, aber – das erinnerte ich direkt im Anschluss an diese Meldung – auch jedem Einzelnen von uns. Kardinal Marx sagte in einem am gestrigen 5.10.2014 im Deutschlandradio Kultur veröffentlichten Interview, das „auch die Wissenschaftler und Theologen und die Bischöfe, die nicht an der Synode beteiligt sind, weiter zu diskutieren, öffentlich zu diskutieren" aufgefordert sind, damit die vom Papst gewünschte Dynamik des synodalen Prozesses auch

Wirklichkeit werden kann. Der Erfolg der Synode hängt auch an uns.

Für die Kirche in Deutschland gilt das insofern besonders, als wir ja nicht nur mit Geldwerten Transparenz zeigen müssen. Wir müssen es auch und gerade mit den wirklichen 'Werten' tun, die ja unser eigentliches, wirkliches Kapital bedeuten. Und wir müssen deutlich machen, woher wir sie nehmen, und vor allem, wie wir sie begründen; indem wir sie kommunizieren, wenn wir sie nicht verraten oder über Sprachlosigkeit gar schon aufgegeben haben.

In den vergangenen Tagen habe ich es auch persönlich so erlebt, dass erst über die Auseinandersetzung mit den Themen, sich die Sprache findet und auch eine Klärung einsetzt. Etwa auf die Gretchenfrage, ob sich die Lehre der Kirche am Ende der Synode geändert haben werde. Genau diese Frage wurde ich heute in einem Interview für die Aktuelle Stunde des WDR tatsächlich gefragt. Mal abgesehen davon, dass man es sich leicht machen kann dahingehend, dass man sagt, dass man den Ergebnissen der Synode natürlich nicht vorweggreifen kann, kann doch aus einer Kölner „Fernsichtbrille" etwas viel Weitergehendes gesagt werden, womit der synodale Gedanke im Sinne des Papstes tatsächlich weitergetragen ist:
Gekommen war das Filmteam aus Anlass der Synode und aufgrund der Freischaltung einer eigenen The-

menseite zur Familiensynode und wegen des in der Pressemeldung des Presseamtes des Erzbistums Köln vom 2.10.2014 angezeigten, transparenten Umgangs in Hinblick auf den weiteren Fortgang der von Köln nach Rom getragenen Umfrage-Ergebnisse. Die festgestellte Differenz – zugleich der Ansatzpunkt der Synode –, markiert nun aber genau den springenden Punkt, dass die Lehre wieder die Gläubigen erreichen muss, damit sich die Menschen mit ihr und der Kirche identifizieren. Weit jenseits einer richtungslosen Veränderung – oftmals „Anpassung an den Zeitgeist oder den Mainstream" genannt – muss es um eine Vertiefung der Lehre gehen, in der die Gläubigen sich und ihren Glauben wiedererkennen; die nicht abgehoben, sondern mit ihnen verbunden wahrgenommen werden muss, in der der gestern angesprochene 'Herzschlag der Zeit' wahrnehmbar wird, nach- und widerhallt.

Und genau das zeigte der vom vorbereitenden synodalen Rat als 'Relator' gewählte Kardinal Erdö an, indem er zunächst den breiten Konsens der Rückmeldungen im Blick auf die mit Ehe und Familie zusammenhängenden Themen in einer insgesamt einstündigen Einführung (ein Originalvideo aus der Synodenaula ist auf Youtube eingestellt), einer ersten Zusammenstellung ('relatio') der schriftlichen Rückmeldungen (noch vor den mit dem heutigen Tag einsetzenden Diskussionen), ins Wort brachte: nämlich dass Ehe und Familie als etwas grundlegend Gutes wahrgenommen werden auch dass die Unauflöslichkeit der Ehe von den Katholiken in der Regel nicht als solche in Frage gestellt ist. Der Ausgangspunkt ist für ihn deshalb zunächst einmal ein rundweg positiver:

„Es gibt [...] im Innern der Kirche keinen Grund zu einer Katastrophen- oder Resignations-Stimmung. Es gibt ein klares und von der Mehrheit mitgetragenes Glaubenserbe, von dem die Synodenversammlung ausgehen kann." (Pressemeldung von Radio Vatikan vom 6.10.2014)

Aber der ungarische Kardinal deutet auch die Richtung an, in der der synodale Weg die nächsten Tage fortschreiten wird: die Gefährdungen der Familie seien anzusprechen, die der Familie feindlich gesonnen sind, in einer Welt der Ungleichheit und der sozialen Ungerechtigkeit. Auch der Ehevorbereitung und der Weise der Begleitung von Menschen in Trennung / Scheidung, die nicht nur auf den Empfang der Sakramente reduziert werden dürfe, müsse ein besonderes Augenmerk gelten. Ein Ausrufezeichen setzte der Relator der Bischofssynode als er im Blick auf die ‚Ehen ohne Trauschein' darauf hinwies, dass die Kirche die „Gelegenheit nicht verstreichen lassen könne, auch in Konstellationen, die weit von den Kriterien des Evangeliums entfernt sind, den Menschen nahe zu sein", so Radio Vatikan in derselben Pressemeldung. Und dass selbst über homosexuelle Partnerschaften gesprochen werde, deutete Kardinal Marx am Abend gegenüber Radio Vatikan an.

Mehr als eine Reminiszenz auch der Ausblick, dass über die Fragen zur Verfahrensvereinfachung von Annullierungen ungültig geschlossener Ehen hinaus auch die Praxis orthodoxer Kirchen, eine „zweite oder dritte Ehe mit Buß-Charakter zu erlauben", genauer studiert werden solle, wie es Radio Vatikan in der schon genannten Pressemeldung zusammenfasst. Aufmerken lässt schließlich auch ein Satz hinsichtlich der Fragen rund um Sexualität und verantworteter Elternschaft, dass er im Hinblick auf die Aussagen der Enzyklika „Humanae vitae" von Papst Paul VI. auf eine „positive Neuformulierung der Botschaft" setze. (Vgl. ebd.)

Die Erwartungen sind erfüllt, wenn nicht übertroffen. Der Mut und die Entschlossenheit, die großen Themenbereiche anzugehen, ist dem ersten Pressebericht und den Stellungnahmen als Reflex auf den ersten Synodentag anzumerken, die oben angesprochene 'Relatio' veröffentlicht – und die Ausführungen atmen den zu Anfang dieses Posts von Papst Franziskus angesprochenen ‚Geist der Synodalität', den er für die Synode geradezu personifizieren will:

„Sprecht mit Freimut und hört mit Demut! Und tut dies in aller Ruhe und in Frieden, denn die Synode entwickelt sich immer cum Petro et sub Petro. Die Anwesenheit des Papstes ist eine Garantie für alle."
(Pressemeldung von Radio Vatikan vom 6.10.2014)

Von Analogie und Gradualität – oder erste Schlüsselbegriffe für Lösungsansätze

Vielleicht wird man rückblickend von diesem Tag sagen – der die Auseinandersetzung mit dem naturrechtlichen Denkansatz wie mit der Berufung des Menschen zu Christus in Bezug auf die Familie (also die Kapitel III und IV des I. Teiles des *'Instrumentum laboris'*) vorsah –, dass an eben diesem Dienstagvormittag bereits die Schlüsselgedanken bewegt wurden, die für die offenen, pastoralen Fragen der Familiensynode richtungsweisend werden sollten.

Denn am zweiten Sitzungstag der Synode wurde – gemäß Sitzungsprotokoll – in Anwesenheit von 184 Synodalen mit dem Papst ein breiter Bogen geschlagen, der von der Bedeutung der Sexualität als besonderem Kennzeichen ehelicher Spiritualität (ein australisches Ehepaar brachte diese Lebenswirklichkeit in die Synode ein) bis hin zur Auseinandersetzung mit eheähnlichen und anderen Lebensgemeinschaften reichte. Und auf Letztere bezogen, wurde über das 'Prinzip der Gradualität' eine Möglichkeit angesprochen, auch eine breite Vielfalt partnerschaftlich gelebter Familienformen wertschätzendund zugleich in Bezug auf die hohen normativen Ideale von Ehe und Familie in den Blick zu nehmen. Betonte die Enzyklika 'Familiaris consortio' das 'Gesetz der Gradualität' (FC 34) noch im Sinne des moralischen Wachsens ehelichen Lebens ,wird dieser Begriff der 'Gradualität' nunmehr zur wertschätzenden Verhältnisbestimmung der pluralisierten Partnerschaftsformen in Bezug auf die Ehe verwendet. Deutlich wird darin die Überzeugung zum Ausdruck gebracht, dass das Leitbild der auf Ehe bezogenen Familie nur dann glaubhaft seine orientierende Kraft entfalten kann, wenn es auch bezogen auf weitere gesellschaftlich entstandene Familienformen gedacht wird. Am Ideal der Ehe gemessen 'unvollkommene' Lebensgemeinschaften sollen mit dem Respekt betrachtet werden, 'dass in ihnen Treue und Liebe und Elemente der Heiligung und Wahrheit vorhanden' seien. (vgl. Zusammenfassung der Generaldebatte des Montagnachmittags unter dem Datum des 7.10.2014)

Der Generalsekretär der Synode Kardinal Lorenzo Baldisseri ergänzte im Pressegespräch am Mittag mündlich, dass dieses Prinzip der Gradualität auch mit dem auf dem II. Vatikanischen Konzil gewonnenen Selbstverständnis der Katholischen Kirche begründet worden sei. Wie in der Konstitution über die Kirche (und ebenso auch im Ökumenismusdekret) festgehalten wurde, dass auch außerhalb des Gefüges der Kirche „Elemente der Heiligung und der Wahrheit zu finden seien" (LG 8), so könne in einer Analogie auch von eheähnlichen Gemeinschaftsformen wertschätzend gesagt werden, dass in ihnen – in derselben Begrifflichkeit im Protokoll der Debatte des Montagnachmittag ausgedrückt – 'Elemente der Heiligung und Wahrheit enthalten seien', die sie positiv auf die Ehe bzw. die in der Ehe begründeten Familie bezogen sehen lassen. Ein weitgehender Gedanke, der ebenfalls auf der Linie der Aussagen Kardinal Marx' liegt, der in seinem Statement in der Synodenaula nach eigenen Aussagen sich auch für die Anerkennung der in homosexuellen Partnerschaft über Jahre gelebten Liebe und Treue ausgesprochen habe, die ja nicht "alles nichts" seien.

Die Argumentation für die Generaldebatte des dritten Synodentages zu den 'Pastoralen Herausforderungen und den kritischen Situationen in der Familie', um welche Themen im Vorfeld der Synode die größten Auseinandersetzungen erfolgt waren, scheinen mit diesen Gedanken schon vorbereitet, mit denen die Synode in die entscheidende Phase übergeht, das Leben in allen Facetten und auch den Brüchen wahrzunehmen. Die Predigt Papst Franziskus' in der heutigen Frühmesse im Gästehaus Santa Marta bringt diese Geschichten, die das Leben schreibt, bereits

warmherzig ins Wort, in denen Gottes Liebe uns
barmherzig suchend entgegenkommt:

*"Each one of us has a story: a story of grace, a story
of sin, a story of journey, many things [...]. And it's
good to pray with our story," to recognize our fail-
ures and how, despite our sin and infidelity, God
continues to seek us out, call us back and offer his
grace."(www.catholicreview.org, dt. Übersetzung bei
Radio Vatikan)*

'Hinhorchen', 'Hinschauen', die 'Kunst der Begleitung' und die 'Medizin der Barmherzigkeit'

"Wir brauchen einen wertschätzenden Umgang mit
Situationen, die nicht der vollen Realität der sakramentalen christlichen Ehe entsprechen", sagte der
Kardinal Schönborn der Wiener Zeitung bereits am
29.9.2014 – und ebenso, dass er diesen Gedanken in
seinem Redebeitrag bei der Synode hervorheben und
im Zusammenhang des Umgangs mit Situationen des
Scheiterns thematisieren werde.
Auch ohne mich auf den Blog zur Familiensynode
vorzubereiten, hätte ich diese Nachricht des Wiener
Kardinals wahrscheinlich aufgemerkt, schon weil er
mich während meiner theologischen Freisemester in
Fribourg als damaliger Professor für Dogmatik in

seinem weißen Dominikanerhabit auf eben die Frage-
stellung hingewiesen hat, die seiner Meinung nach im
Mittelpunkt der Summa Theologiae des Thomas von
Aquin steht und mein Leben seitdem geprägt hat: der
Freundschaftsgedanke.

Er gehört dem die Familiensynode vorbereitenden
Synodenrat an, hat als Redaktionssekretär an dem im
Jahr 1993 erschienenen Weltkatechismus mitgewirkt
und kennzeichnete seine Devise im Hinblick auf
diese Bischofssynode mit den Worten „Hinschauen"
und durch „ein bisher in dieser Form nicht übliches
„Hinhorchen". (Wiener Zeitung vom am 29.9.2014)
Kardinal Schönborn war es auch heute in einem Interview gegenüber Radio Vatikan, der nach seinen
bis dato zwei Redebeiträgen auf der Synode das
'Prinzip der Gradualität' ausführte und dabei auch ein
Stück weit mehr Einblick in das Denken von Papst
Franziskus gab:
„Papst Franziskus hat uns erst bei dem Besuch der
österreichischen Bischöfe im Jänner im Gespräch
gefragt: ‚Wie ist das bei euch, ist das ähnlich wie in
Argentinien, dass viele junge Menschen zuerst einmal
zusammenleben?' [...] „Der Papst hat uns gesagt,
dass wir diese Menschen begleiten müssen, Schritt
für Schritt in diese Gradualität, damit sie entdecken,
was die volle Gestalt des Sakramentes ist. Was die
Ehe im Plan Gottes ist. Natürlich gibt es, Gott sei
Dank, mehr und mehr junge Leute, die diesen Weg

bereits in frühen Jahren durch den Glauben, viel-
leicht auch durch das Vorbild ihrer eigenen Familien
entdecken, und ihn mit ganzem Herzen und mit gan-
zer Bereitschaft gehen. Viele andere lernen das erst
allmählich kennen. Wichtig ist, dass wir sie begleiten
- und das meint, so glaube ich, die Rede von der
Gradualität, nicht des Gebotes Gottes, sondern der
Erfüllung des Gebotes Gottes." (Artikel von Radio
Vatikan vom 8.10.2014)

Die 'Kunst der Begleitung' war dann auch die Rede-
wendung, die einer der drei Synodenpräsidenten, der
Erzbischof von Aparecida in Brasilien, Kardinal
Raymundo Assis zu Beginn der nachmittäglichen
Beratung über die 'pastoral schwierigen Situationen'
ins Wort brachte und sich dabei auf Papst Franziskus
und sein Lehrschreiben „Evangelii gaudium" bezog:

„Die Kirche wird ihre Glieder – Priester, Ordensleu-
te und Laien – in diese „Kunst der Begleitung" ein-
führen müssen, damit alle stets lernen, vor dem heili-
gen Boden des anderen sich die Sandalen von den
Füßen zu streifen (vgl. Ex 3,5). Wir müssen unserem
Wandel den heilsamen Rhythmus der Zuwendung
geben, mit einem achtungsvollen Blick voll des Mit-
leids, der aber zugleich heilt, befreit und zum Reifen
im christlichen Leben ermuntert." (EG 169)

Dass darin nicht nur ein westeuropäisches Thema
berührt ist, brachte Kardinal Assis ins Wort, als er auf

die wiederverheiratet Geschiedenen zu sprechen kam. Diese erleben „ihre Erfahrungen als tiefe Wunde in ihrem eigenen Menschsein, in ihrer Beziehung zu anderen und zu Gott". Ein südafrikanisches Ehepaar wies außerdem auf folgende Situation hin: Durch den Ausschluss von den Sakramenten fühlen sie sich wegen ihrer vergangenen Beziehungen oder Fehler ständig neu für schuldig erklärt. (Vgl. press.vatican.va und dt. Übertragung von Radio Vatikan vom 8.10.2014)

Bereits in der mittäglichen Pressekonferenz deutete der Pressesprecher Fr. Thomas Rosica in seiner Zusammenfassung die Hauptpunkte der zuvor geführten Debatte am Mittwoch an. Gekennzeichnet sei die Diskussion durch eine größere Wertschätzung biblischer Sprache gegenüber naturrechtlichem Denken gewesen und bezog sich insbesondere auf eine 'language of mercy' und die durch einige Beiträge ins Wort gebrachte Rede zur Eröffnung des Zweiten Vatikanischen Konzils von Papst Johannes XXIII. In der 'Medizin der Barmherzigkeit' ('medicine of mercy') werde das Heilmittel nicht nur als 'springboard' für die Wertschätzung nichtehelicher Lebensgemeinschaften, sondern auch für den Einbezug wiederverheiratet Geschiedener in die Gemeinschaft und Kommunion der Kirche wie auch für die Evangelisierung der Welt gesehen. Dieser Gedanke des 'Heilmittels der Barmherzigkeit', den Papst Franziskus bezogen auf die Eucharistie schon in seinem

Lehrschreiben 'Evangelii gaudium' angesprochen hatte, markierte dann – wie in einem untergründigen roten Faden – auch seine Ansprache auf der Generalaudienz am heutigen Mittwochmittag in Hinblick auf den zur Gemeinschaft führenden Weg und die Zielrichtung der Ökumene:

"Liebe Freunde, lasst uns zur vollen Einheit voranschreiten! Die Geschichte hat uns getrennt, aber wir sind auf dem Weg in Richtung Wiedervereinigung und die Kommunion! Und das müssen wir verteidigen! Wir sind alle auf dem Weg zur Kommunion." *(priv. dt. Übertragung)*

Dass Papst Franziskus den Friedensnobelpreis verdiente....

Papst Franziskus hätte den Friedensnobelpreis auch verdient gehabt, der am heutigen Tag an die pakistanische Schülerin Malala Yousafzai und an Kailash Satyarthi vergeben wurde. Frieden hat nach alter Lehre die Eigenschaft Gemeinschaft zu bewirken: Gemeinschaft durch Ausgleich verschiedener Interessen, aber vor allem durch eine Einung vermittelnde Haltung, die in der Liebe gründet und sie ausdrückt. (vgl. STh II-II 29)

Wer auf das Pressebulletin der Papst Franziskus betreffenden Termine schaut, findet die auf Ausgleich und Einung zielenden Aspekte auf allen Ebenen selbst in dieser Synodenwoche: Im vermittelnden Gespräch mit Verantwortlichen verschiedener Krisenregionen (und ich erinnere nah das Friedensgebet am Pfingstsonntag diesen Jahres in Folge der Nahostreise oder in der Syrienkrise des letzten Jahres, das ich selbst auf dem Petersplatz erlebte), in dem leidenschaftlichen Appell für die Einung der getrennten christlichen Kirchen wie auf der Generalaudienz am Mittwoch (und lässt mich gerade an das bewegende Grußvideo von Papst Franziskus an die American Pentecostal Conference denken) und in dem ausgleichenden Zulassen und Fördern der engagierten Suche nach den Wegen der Kirche angesichts der heutigen 'Pastoralen Herausforderungen der Familie'. Für alle diese auf Eintracht und Einvernehmen zielenden Felder braucht es – wie oben gesagt – einer einenden Friedenskraft, die bei Franziskus in der Botschaft von der barmherzigen, den Menschen bedingungslos suchenden Liebe Gottes besteht, die auch den Armen, Unterdrückten und mundtot Gemachten eine Stimme verleiht.

Diese Gedanken mit Rückblick auf den vierten Synodentag zu schreiben, an dem die hochsensiblen Themen von Ehe und Familie in schwierigen Lebenssituationen und der Fragen von (Homo)Sexualität bis hin zur Empfängnisregelung anstanden (auch wenn die Tagesordnung etwas im Verzug ist) macht schon deshalb Sinn, weil nichts von einem 'Krieg der Theologen' mehr wahrzunehmen und alles einer konstruktiven Atmosphäre gewichen ist, in der unter den Synodalen „kontrovers debattiert, ohne Polemik und respektvoll, aber durchaus klar und deutlich" miteinander gesprochen wird. Die zum Teil konträren bis sich widersprechende Positionen sind in den Austausch gebracht, für den man – um den Wortsinn der Synode zu bemühen – unbedingt "zusammenkommen' und frei sprechen muss (und nicht nur vorbereitete Redetexte zur Kenntnis gibt). Um das – wie sich zeigte weltweit unter den Nägeln brennende – Thema der Zulassung zu den Sakramenten unter einigen anderen hervorzuheben:

"Es habe [hierzu] in der Debatte zwei Linien gegeben, erläuterte Lombardi vor Journalisten. Die eine habe mit großem Nachdruck darauf hingewiesen, dass "mit Rücksicht auf die Lehre und in Treue zum Wort Gottes" eine Zulassung von wiederverheirateten Geschiedenen zur Kommunion nicht möglich sei. Eine andere Linie habe – "ohne die Unauflöslichkeit der Ehe" infrage zu stellen – dafür plädiert, mit Barmherzigkeit und unter Berücksichtigung des konkreten Einzelfalls vorzugehen." (Ebd.)

Und dennoch sind viele Änderungen schon deutlich herauszulesen und zu hören, die vielleicht in der Fixierung auf eine in dieser vorbereitenden Synode gar nicht endgültig zu klären anstehende Frage nicht richtig aufgemerkt werden. Etwa, dass der Begriff der 'irregulären Beziehungen' an dem sich bei der Kölner Umfrage beinahe alle Befragten gestoßen haben, zwar noch im 'Instrumentum laboris' aufgeführt wird, aber in der noch nicht endgültigen, aber doch einzigen Zusammenfassung des entsprechenden Nachmittags jetzt fehlt. Statt dessen wird – anders ich in meinem Beitrag vom 4.10.2014 als geltende Lehrmeinung beschrieben habe – , darauf Wert gelegt, dass es im Blick auf wiederverheiratet Geschiedene „wichtig ist, mit höchster Aufmerksamkeit zu vermeiden, kein moralisches Urteil oder von einem 'Verharren in einer Sünde' zu sprechen...“ (priv. Übersetzung). Die neue Sprache, die mehr ist als nur ein Ton, macht die Musik, ja lässt eine völlige Neukomposition erahnen, die sich nicht einfach an einem Nachmittag schreiben, komponieren oder auch schon konzertieren könnte.

Ein weiteres Beispiel für eine veränderte Sicht auf die Sexualität – ohne der gestern durch die vorgenannten Themen etwas in Verzug geratenen Diskussion und Zusammenfassung der Ergebnisse zu den Themen Empfängnisregelung (über das Einführungsreferat des Pariser Kardinals Vingt-Trois hinaus) vorweg zu greifen – kann gelten, dass der Begriff Sexualität schon unter die 'Top 5' der ersten Synodentage gebracht hat, wie das folgende Video über die fünf Hauptthemen zeigt. Das mag dem zu nahe im Geschehen wie dem Außenstehenden nicht so auffallen. Wenn man aber weiß und auf sich wirken lässt, dass der Begriff 'Sexualität' als solcher bislang in den kirchlichen Lehrschreiben fehlt – weder in der Pastoralkonstitution 'Gaudium et spes' noch in der doch das Thema wie keine zweite umkreisenden Enzyklika 'Humanae vitae' –, lässt dies doch auch hier eine neue Seite erkennen. Und was mit der am Dienstag angesprochenen 'Spiritualität der Sexualität' gemeint sein könnte, brachte das australische Ehepaar für die Konzilsaula ins Schwingen und möge über den kurzen 'Spirituellen Moment' auf der Homepage 'Familienspiritualität.de' kurz anklingen.

Was sich darin zeigt, was auf dieser Synode passiert ist, sagte in der heutigen Pressekonferenz der Synode Erzbischof Durocher, „dass wir einen mehr induktiven Weg der Reflexion wählen, beginnend bei den realen Situationen und darin entdeckend, dass in der gelebten Erfahrung auch schon eine theologische Quelle wahrnehmbar ist, ein Ort theologischer Reflexion." (Pressekonferenz vom 9.10.14, priv. Übersetzung)

Nicht ein Kampf zwischen den Menschen und Prinzipien, sagte er, sondern, dass die Bischöfe vielmehr lehren die Erfordernisse von Gerechtigkeit und Barmherzigkeit enger zueinander zu bringen in Bezug auf die 'im Himmel geschlossene Ehe'. Und mit einem feinen Wortspiel sprach der Vorsitzende der Kanadischen Bischofskonferenz "von einer Hochzeit von Gerechtigkeit und Barmherzigkeit, die in Gott vollkommen ist, aber für uns hart zu erreichen ist, sosehr wir danach streben müssen." (Ebd.)

"A marriage of justice and mercy - God is perfectly just and perfectly merciful, it's just hard for us to do the same, but we must strive to do that." (Ebd.)

Und diese bestmögliche Einung zu einem Frieden von und in Gerechtigkeit und Barmherzigkeit auf Erden wird – auf allen Seiten – in der Person von Papst Franziskus gesehen. Dass diese Frage "gestellt und offen ist" – und zu einem 'synodalen Prozess' in den nächsten 12 Monaten einlädt, "ist schon ein gutes Ergebnis", ist ein außerordentliches Ergebnis einer Außerordentlichen Bischofssynode, für das allein schon Papst Franziskus den Friedensnobelpreis verdient gehabt hätte.

Endlich Synodengeflüster: "Eine Synode, die die Fenster öffnet!"

Mit diesem Zitat verband der honduranische Kardinal Óscar Rodríguez Maradiaga, der als Vertreter Mittelamerikas den von Papst Franziskus zur Kurienreform einberufenen Kardinalsrat koordiniert, am Ende des fünften Synodentags die Erinnerung an dieselben Worte Papst Johannes XXIII. zu Beginn des Zweiten Vatikanischen Konzils. Wie dieses sei diese Bischofssynode „eine Synode der Hoffnung, des Glaubens und insbesondere für die pastoralen Haltungen, die notwendiger denn je sind." In gleicher Weise äußerten sich der Leiter der deutschsprachigen Abteilung bei Radio Vatikan, P. Bernd Hagenkord, und der Sprecher der Synode, Fr. Thomas Rosica: Eine „Atmosphäre der Freiheit" sei zu spüren und der „Leidenschaft, die die Kirche brauche". Ein Resümee, derer sich viele ergänzen ließen am Ende einer Woche, die mit über 180 Statements und 80 freien Debattenbeiträgen so ziemlich alle Themen und heißen Eisen angepackt hat, die sich hinter dem Synodentitel der 'Pastoralen Herausforderungen der Familien im Kontext der Evangelisierung' verbergen.

Dabei gehörte der fünfte Synodentag den Laienexperten, die den inneren und äußeren Druck ins Wort brachten, denen Partnerschaften, Ehen und Familien heute weltweit ausgesetzt sind. Zum äußeren Druck gehörten neben Krieg, Gewalt, Vertreibung und Migration nicht minder Armut und soziale Benachteiligung, wie es in der mittäglichen Pressekonferenz zusammengefasst wurde. Einen Schwerpunkt bildeten heute insbesondere die Fragen rund um die Empfängnisregelung:

"Ehepaare aus Brasilien und Frankreich haben den Teilnehmern der Bischofssynode zu Ehe und Familie im Vatikan über ihre Erfahrungen mit Empfängnisverhütung und Sexualität berichtet. Am Donnerstagvormittag erzählten zunächst Arturo und Hermelinda As Zamberline von der brasilianischen Laienorganisation „Equipe Notre-Dame" über ihre Zweifel am kirchlichen Verbot künstlicher Verhütungsmittel. Die kirchlich erlaubten natürlichen Methoden seien „gut, aber uns scheinen sie nicht praktikabel", heißt es in dem vom Vatikan veröffentlichten Redetext. Die große Mehrheit katholischer Paare lehne die Verwendung künstlicher Mittel nicht ab. Hier gebe es eine Kluft zwischen Morallehre und Praxis." (Radio Vatikan, 10.10.2014)

Die Anwesenheit der 14 Ehepaare und weiterer Experten für Ehe und Familie aus der ganzen Welt sind ein weiteres Kennzeichen für diese, an Neuerungen reichen Synode - und gerade sie waren bereits schon in den vergangenen Tagen dafür verantwortlich, dass auch ein Gutteil Praxis und Familienleben in das Synodenleben einzog. Für Kardinal Maradiaga hätten es sogar noch mehr Situationen mit Problemen sein können, da die anwesenden Paare doch in der Mehrheit „models and examples", idealtypische Ehepaare, waren und er sich Familien – auf jeden Fall für die folgende Synode in 2015 – "in the middle of the trouble" wünschen würde. Angedeutet wurden die darüber einzufangende Lebensrealität in der mittäglichen Pressekonferenz durch Federico Lombardi, der mit Hinweis auf das Statement unserer deutschen 'Auditrix' Ute Eberl auf die Nöte und Bedarfe alleinstehender und alleinerziehender Personen hinwies, wie sie in vielen großen Städten anzutreffen wären. Hier müsse die Kirche den Menschen offen und zugewandt begegnen, und dies unabhängig von deren Kirchenzugehörigkeit. Meine Berliner Kollegin – deren Arbeit heute auch in anderen Presseberichten ins Wort kam – beschrieb mir heute Abend genauer, was ihr Anliegen darstellt:

„Ich sitze hier mit meiner Berliner Realität im Hinterkopf: 9% der Berliner sind katholisch, über die Hälfte der Berliner sind Menschen ohne Religion. Mich treibt nicht als erstes die Frage um, wie wir möglichst vielen Paaren die natürliche Empfängnisregelung lernen, damit sie ‚katholisch' leben, sondern wie wir den Menschen das Evangelium (und zwar das Evangelium der Freude!) anbieten können – und zwar konkret: in dem die Freude und Hoffnung, die Traurigkeiten und Ängste von Paaren und Familien bei uns nicht nur einen Wiederhall finden, sondern wir auch reagieren. Ich denke: genau das machen wir in unserer konkreten Familienseelsorge und – was noch viel wichtiger ist – genau das machen Familien in ihrem Alltag: 'Das Evangelium verkünden – notfalls mit Worten!'"

Und ich bin berührt bei diesem Schlusszitat, das Papst Franziskus am 14.4.2014 und am 28.9.2014 in Predigten vom Heiligen Franziskus zitierte – und auch etwas beschämt bei den vielen eigenen Blog-Worten der letzten Tage. Höre ich doch heute auch aus Rom, das Papst Franziskus über die ganze Zeit der Synode aufmerksam zuhört, sich Notizen und den entschlossenen Eindruck macht, dass der synodale Prozess über die nächsten Monate weiter in den Ortskirchen vorangetrieben wird, wie es Pater Hagenkord heute zum Ausdruck bringt. Dass kein endgültiges Beschlussdokument am Ende dieser vorbereitenden, Außerordentlichen Bischofssynode stehen muss, betrachtet er von daher als 'Gnade'. Und in derselben Zuversicht ist Kardinal Maradiaga davon überzeugt, 'dass die Synode die Kanäle für ein tieferes Verständnis öffnen wird, damit sich die Themen über tiefere Reflexionen setzen, damit sie im nächsten Jahr 'anlanden' können:

"We're preparing the 'landing year' – it has to land in very concrete things too, that will orient the pastoral of the familiy in the next years." (Ebd.)

„Aus allen Poren zu spüren ist: Kirche geht nur mit Familien!"

Diesen Satz sagte mir gestern unsere Berliner Auditrix Ute Eberl, die ebenfalls am Freitag ihre deutsche Stimme in die Synodenaula in Anwesenheit des Papstes einbrachte. Wie sehr dieser Satz für die katholische Kirche stimmt und – im wahrsten Sinn – 'in guter Tradition' steht, wurde heute auf der Pressekonferenz deutlich:

Mit dem Erzbischof von Dublin, Diarmuid Martin, war nicht nur ein direkter Zeuge dieser Außerordentlichen Bischofssynode, sondern auch der 'V. Ordentlichen Bischofssynode', die im Jahr 1980 ebenfalls zum Thema der Familie von Johannes Paul II. einberufen wurde. Dass nicht nur Johannes Paul I. in seiner nur wenige Wochen währenden Zeit als Papst ebenfalls schon eine Bischofssynode zur Familie geplant habe (und schon zuvor Papst Paul VI. kurz vor seinem Tod ebenfalls), verriet er und machte zugleich auch deutlich, dass der jetzige Papst 'vom anderen Ende der Welt' auch mit seinem polnischen Vorvorgänger 'da lontano' ebenfalls gemein habe, gleich die erste Synode des Pontifikats dem Thema der 'Familie' zu widmen. Und er vermutet, dass es daran wohl liege,

„dass beide Päpste bis zu ihrer Wahl Diözesanbischöfe gewesen seien und darüber um die zentrale Bedeutung der Familien für die Entwicklung der Kirche wie für die Stabilität der Gesellschaft wussten, wie sie sie in der jeweiligen Zeit herausgefordert sahen.“(priv. Übersetzung der Pressekonferenz vom 11.10.2014).

Im Jahr 1980 lag der Akzent auf der 'Mission der Familie' (damals wurden die beiden diesmal von Kardinal Erdö erarbeiteten Ergebniszusammenfassungen vor und nach den Diskussionen, die so genannten 'Relationes', von Kardinal Ratzinger erstellt), während in diesem und dem nächsten Jahr die Herausforderungen der Familien in einer „gänzlich geänderten Gesellschaft" beschrieben und im Blick auf pastorale Konsequenzen bedacht werden, wie Erzbischof Martin weiter ausführte. Und es brauche eine „neue Weise des Dialoges mit den Familien und eine neue Sprache". (Ebd.) Das sei die Frage, die viele Synodale gerade bewege.

Gespannt richtet sich der Ausblick auf den Montagmittag, an dem die 'Relatio post disceptationem', die 'Zusammenfassung nach den Diskussionen', vorgestellt wird. Sie bietet das nächste Arbeitsinstrument für die gestern gebildeten 'circoli minori', in denen – nach Sprachgruppen getrennt – diese Ergebnisse unter der Leitung von Moderatoren gewissermaßen in Kleingruppenarbeit beratschlagt werden. Dass dies in bester, herzlicher und kollegialer Atmosphäre vonstattengeht, davon berichtete in der Pressekonferenz die der Baptistischen Kirche angehörige Professorin für Biblische Studien, Valérie Duval-Poujol, aus Paris. Zusammen mit sieben anderen Delegierten anderer christlicher Konfessionen ist sie auch ein Beispiel für den ökumenischen Horizont dieser Synode, der durch deren Statements am Freitagnachmittag ebenfalls in das synodale Geschehen einbezogen wurde.

Auch auf deren Zeugnisse ist gemünzt, was meine Berliner Kollegin Ute Eberl für das Ringen um die Fragen der pastoralen Herausforderungen auf alle Synodalen mir gegenüber gestern meinte:

„Das Evangelium wird ja nie, nie im keimfreien philosophischen Raum verkündet, sondern immer in eine konkrete Situation hinein. Deshalb ist auch das Herzblut der Synodalen zu spüren und zu hören, wenn sie von ihren pastoralen Wegen berichten. Der Prozess – Fragebögen – die außerordentliche Synode – ein Jahr Zeit für die Ortskirchen – die ordentliche Synode 2015 – ist wahrlich klug!"

Zu einer der Neuerungen dieser Synode zählen die öffentlichen Gottesdienste im Petersdom: am morgigen Sonntag anlässlich der Heiligsprechung zweier Kanadischer Missionare und bezogen auf das 'Thanksgiving'-Fest, das in Kanada dieses Jahr am 13. Oktober gefeiert wird. Die 'Ernte' ist schon – aus dem geeigneten Blickwinkel und rückblickend auf die vergangenen Tage – wahrlich erheblich, auch wenn das Ergebnis dieser Synode – das stand im Grunde ja schon zu Beginn der Synode fest – um des Ergebnisses in 2015 willen und vor allem wegen des synodalen Prozesses daraufhin offen bleiben wird und muss. Der Papst hat über die einzelnen Versammlungen, in denen er außer am Mittwochvormittag (wegen der Generalaudienz) beständig anwesend war, die ganze Zeit über geschwiegen, sich Notizen gemacht, um morgen gleich einem Trainer in der 'Halbzeit' die Moral des mittlerweile eingespielten Teams anzusprechen und auf das gemeinsame Ziel einzuschwören, das im 'Geist der Synodalität' seit Beginn der Synode alle vereint.

Die Güte Gottes hat keine Grenzen und schließt niemanden aus...

Sowohl die Predigt der Sonntagsmesse im Petersdom im Gedenken an die Heiligsprechung zweier Kanadischer Missionare als auch die Ansprache zum Angelus am Mittag widmete Papst Franziskus der Auslegung des Evangeliums des heutigen 28. Sonntags im Jahreskreis aus dem Matthäusevangelium Kap. 22, 1-14. Aus der mittäglichen Ansprache möchte ich eine bewegende Passage herausheben, in der Papst Franziskus meines Erachtens auch die gestern angesprochene Zielrichtung dieser Bischofssynode pointiert und die Einladung an die Welt zum Gastmahl des Herrn ausspricht:

"Die Güte Gottes hat keine Grenzen und schließt niemanden aus: Deswegen ist das Gastmahl der Gaben Gottes universal, für alle. Allen wird die Möglichkeit geschenkt, seiner Einladung und seinem Ruf

zu folgen; keiner hat das Recht, sich privilegiert zu fühlen oder ein exklusives Vorrecht zu beanspruchen. All dies hält uns davon ab, uns gewohnheitsmäßig in der Mitte zu platzieren, wie es die Hohenpriester und Pharisäer taten. Das dürfen wir nicht tun: Wir müssen uns für die Peripherien öffnen und anerkennen, dass die am Rand stehen, ja sogar von der Gesellschaft ausgeschlossen und verachtet werden, Adressat der Großzügigkeit Gottes sind." (Übersetzung Radio Vatikan)

Und dann fährt er fort – und ich erlaube mir eine eigene Übersetzung in wenigen Akzenten etwas mehr an der italienischen Originalansprache zu orientieren:

"Wir alle sind dazu aufgerufen, das Reich Gottes nicht auf die Grenzen der 'kleinen Kirche' zu reduzieren – unseres 'klitzekleinen Kirchleins', sondern die Kirche auszuweiten auf die Dimensionen des Reiches Gottes. Dafür braucht es nur eine Bedingung: das Hochzeitsgewand anzuziehen, d.h. für die Liebe zu Gott und den Nächsten einzustehen."

"Tutti siamo chiamati a non ridurre il Regno di Dio nei confini della "chiesetta" – la nostra "chiesetta piccoletta" – ma a dilatare la Chiesa alle dimensioni del Regno di Dio. Soltanto c'è una condizione: indossare l'abito nuziale cioè testimoniare la carità verso Dio e verso il prossimo."

Meine Halbzeitbilanz „Der Herzschlag der Zeit wird jetzt wahrnehmbar" nach der ersten Synodenwoche können Sie als Interview des Kölner Domradios vom 12.10.2014 auf www.erzbistum-koeln.de/familien-synode nachhören.

Der Geist des II. Vatikanischen Konzils, der Geist von 'Gaudium et spes'

So lauteten O-Töne und Eindrücke von Synoden-Teilnehmer, die vom Sekretär, Erzbischof Bruno Forte von Chieti-Vasto (Italien), und Synoden-präsident Kardinal Luis Antonio Tagle aus Manila (Philippinen) auf der heutigen Pressekonferenz zitiert wurden. Sie bezogen sich auf die von Kardinal Péter Erdö am heutigen frühen Vormittag in 52 Minuten vorgetragene 'Zusammenfassung nach den Diskussi-onen' der ersten Synodenwoche. Als 'pastorales Erd-beben' wurde sie in reißerischen Überschriften schnell medial kommuniziert. Dabei konnte diese für heute mit Spannung erwartete 'relatio post disceptationem' eigentlich nur dann überraschen, wenn man die täglichen Pressekonferenzen der ersten Synodenwoche nicht mit verfolgt hat, da sich alle Gedanken über die Tage verstreut – aber wie an einer Perlenkette gereiht – schon genauso wiederfinden; und auch in diesem Blog-Kommentar aufgemerkt wurden.

Im Gegensatz zum Arbeitspapier vor Synodenbeginn, dem in unserem Dokumentenarchiv 49 Seiten umfassenden 'Instrumentum laboris' und der schon auf immerhin schon 13 Seiten verdichteten 'Zusammenfassung vor der Diskussion' findet sich in der heute von dem Vorsitzenden der ungarischen Bischofskonferenz vorgestellten 'Relatio' eine auf nur mehr 11 Seiten fokussierte, durchgehende Linie wieder, die eine deutliche Handschrift, einen roten Faden und zugleich an markanten Schlüsselstellen eine direkte Orientierung an den Lehrschreiben und -aussagen von Papst Franziskus aufweist.

Vorgetragen wurde die Ergebniszusammenfassung in Anwesenheit von 184 Synodenvätern und des Papstes, und von diesen mit lang anhaltendem Applaus bedacht. Mit Dankbarkeit sei von vielen dieser Zwischenbericht wie ein 'Spiegel' empfunden worden, in dem sie den Extrakt der Überlegungen der Diskussionen der vergangenen Woche wiederfanden, so Kardinal Tagle im heutigen Pressbriefing. Dass dieser Zwischenbericht zugleich Ausgangpunkt für die Diskussion der nächsten Tage sein wird, zeigten schon die 41 Interventionen, die sich – in freier Rede vorgetragen – anschlossen und mit dieser in der nun folgenden Kleingruppenarbeit in den Sprachzirkeln weiter beratschlagt werden. Deren Ergebnisse werden dann wiederum an den 'Relator' Kardinal Erdö zurückgeführt, der das Schlussdokument der Synode erstellt, das am Samstag vorgestellt und verabschiedet werden wird.

"Es wird aber kein klassisches Schlussdokument, sondern so etwas wie das 'Instrumentum laboris' (Arbeitspapier) für die nächste Familiensynode im Herbst 2015", verdeutlichte heute noch einmal der Leiter der deutschsprachigen Abteilung bei Radio Vatikan, Pater Hagenkord, in einem Interview. Es wird also, wie der heutige Tag kein Abschluss, sondern ein weiterer Zwischenschritt eines synodalen Prozesses der über die nächsten Monate gehen wird: ein bewusstes und im Grunde schon von Anfang an angezieltes und absehbares 'working in progress', ein synodaler Weg.

Der 'Geist des Konzils' wurde darin empfunden – und das ist die Handschrift, die der Zwischenbericht trägt –, indem voller Sympathie auf die Welt von heute geschaut wird, in der Kirche nicht richtet, sondern die Menschen begleitet in ihren Freuden und Hoffnungen, Trauer und Leiden der Menschen von heute, wie auch die ersten Wörter der Pastoralkonstitution 'Gaudium et spes' lauten. Das Hören auf die Lebenswirklichkeit von Ehe und Familie, das Sehen derselben im Licht der Botschaft des Evangeliums und das daraufhin mögliche unterscheidende Deuten der pastoralen Herausforderungen der Familie in der heutigen Zeit kennzeichnen dann auch die drei Teile des heute veröffentlichten Zwischenberichts:

Im 'hörenden' I. Teil der 'Relatio post disceptationem' werden die vielen sozial-kulturellen Kennzeichen heutiger familiärer Lebenswirklichkeit wahrgenommen – von Vereinzelung, über Polygamie bis hin zu Lebensgemeinschaften – mit mehr oder minder ausgeprägten oder begründeten Formen von Verbindlichkeit, die im systematisch reflektierenden und 'ausschauenden' II. Teil ausgehend von der Analogie der Verwirklichung der Kirche in dieser Welt nach der Lehre des II. Vatikanischen Konzils (vgl. unten bzw. LG 8) auch graduelle Verwirklichungen von Heil und Wahrheit sehen lassen, die im alleinigen Blicken auf das von der Kirche tradierte Ideal von Ehe und Familie verborgen bleiben.

Mit dieser Perspektive erscheinen die vielen, unterschiedlichen Herausforderungen von gelebten Lebensentwürfe im III. Teil der Relatio in einem ganz anderen, neuen Licht, und lassen sich gegenüber wiederverheiratet Geschiedenen, gegenüber verhältnismäßig losen Beziehungen 'ad experimentum', ja selbst homosexuellen Partnerschaften gegenüber auf einmal wertschätzende Worte finden, als sie als graduelle Verwirklichungsformen familialen Lebens 'Heil und Wahrheit' enthalten.

Dieser grundlegende Perspektivwechsel ist sicher vor allem herauszuheben, bevor man auf die damit verbundenen, einzelnen, sich ergänzenden oder miteinander konkurrierenden Vorschläge in Hinblick auf die verstärkten Anstrengungen und Aufgaben in Ehevorbereitung und Ehebegleitung, die differierenden Optionen bezogen auf die Möglichkeiten der Zulassung wiederverheiratet Geschiedener zu den Sakramenten, hinsichtlich des 'speeding-up' von Ehenichtigkeitsprozessen, der Reflexion auf die Bedeutung des Glaubens für das Zustandekommen einer sakramentalen Ehe, die Prüfung der Tradition der orthodoxen Kirche und auch den Ansatzpunkt der Kommunikation von Formen natürlicher Familienplanung und -regelung zu sprechen kommt, die allesamt weitere Diskussionen erfordern und ermöglichen.

Auch wenn der heute veröffentlichte Zwischenbericht der Bischofssynode nur ein Meilenstil auf einer noch bevorstehenden Strecke und eines Debattenmarathons (nicht nur in dieser Woche) ist, dokumentiert er doch als roten Faden das Selbstverständnis einer Kirche „auf dem Weg", wie Papst Franziskus heute Morgen in der Morgenmesse in Santa Marta sagte. Und: „Wenn man auf dem Weg ist, findet man immer neue Dinge, Dinge, die man vorher noch nicht kannte." Oder: 'The drama continues!', wie es zum Abschluss eines Statements auf der unbedingt sehenswerten Pressekonferenz Kardinal Tagle mit einem Lächeln sagte.

Großes Interesse an Weltbischofssynode im Netz

Die Überschrift ist einer schon einen Tag alten Pressenotiz des Vatikanischen Presseamtes entnommen: Per Twitter verbreitete Links zu Dokumenten und Berichten über das Bischofstreffen seien 1,7 Millionen Mal angeklickt worden. Und dem Twitter-Dienst des vatikanischen Presseamts selbst folgten mittlerweile knapp 11.000 Nutzer. Wie am Sonntag vor Synodenbeginn gesagt, gehört auch dies zu einer neuen transparenten Kommunikationsstrategie des Vatikans während der Bischofssynode: Die Verfahren, die Öffentlichkeitsarbeit und die Weise der Ergebnisdokumentation ist verändert, transparenter und dynamisiert, so dass jeder interessierte Beobachter sehr nah das Geschehen verfolgen, sich direkt einbezogen fühlen kann. Eine Kirche, die sich transparent gibt und beinahe 'in Echtzeit' allen aufmerksamen Beobachtern alle Einblicke gewährt, um sich ein Bild zu machen von dem 'work in progress' einer „Kirche ‚im Aufbruch'" (EG 46).

Mit süffisanten Grinsen leitete Pressesprecher Federico Lombardi das Briefing mit den Worten ein: „Woran es wohl liegt, dass wir heute so zahlreich sind...?" Denn gekommen waren die vielen Journalisten wegen des großen Presseechos, das die gestrige Veröffentlichung des Zwischenberichtes nach einer im

Grunde sehr konzentrierten Woche Synodenarbeit, die nachfolgende Pressekonferenz wie auch die einschlägigen Interviews einzelner Synodaler (auch dies ist ja bei dieser Bischofssynode das erste Mal überhaupt erlaubt und erwünscht, wie Federico Lombardi heute unterstrich) weltweit hervorrief. Und riefen alle auf den Plan – wie die Fragen zeigten, zum großen Teil ohne das Dokument gelesen zu haben – doch zumindest jetzt zur Stelle zu sein, die die Entwicklung der Themen der vergangenen Synodenwoche nicht wahrgenommen hatten.

Und als wenn das 'Erdbeben' nicht in Rom, sondern überall sonst in der Welt (und wohl vor allem der neuen Welt) geschehen wäre, waren die Erschütterungen heute erst in Rom zu spüren – etwa auch daran wahrzunehmen, dass am Nachmittag eine Agenturmeldung auf der deutschsprachigen Seite von Radio Vatikan zitiert wurde, in der eine etwaige 'Vatikanerklärung' zitiert wird, die mir zumindest verborgen geblieben ist. Den aufgeführten Inhalten zufolge ist es eine wohl ihrerseits übernommene Zusammenfassung der Pressekonferenz, bei der zwei der Moderatoren einer englischsprachigen und einer italienischen Kleingruppe, der südafrikanische Kardinal Wilfrid Fox Napier und Kurienkardinal Fernando Filoni eigentlich von der Arbeit und dem Fortgang des synodalen Prozessen in den 'circoli minori' berichten sollten.

Aber eigentlicher Gegenstand des Gesprächs der Pressekonferenz wurde stattdessen die Diskussion um den 'Status' der gestern von Kardinal Erdö vorgetragenen 'Relatio post disceptationem', die das Vatikanische Presseamt zu einer eigenen Pressenotiz zur Verbindlichkeit und dem Stellenwert des Dokumentes und der nochmaligen Erklärung ihres vorläufigen Charakters nötigte. Und jenseits des eigentlichen – gestern beschriebenen – Gesamtduktus des Arbeitspapiers, das ja gerade für die weitere Diskussion der zweiten Synodenwoche bestimmt war – wurden von außen die vermeintlichen Gretchenfragen, die Kardinal Napier mehrmals zitierte, in Hinblick auf die Beurteilung von Lebensgemeinschaften, den Umgang mit wiederverheiratet Geschiedenen und vor allem zur Bewertung homosexueller Partnerschaften gestellt, die die beiden beteiligten Synodalen wider die Verkürzung der Bischofssynode und des in Rede stehenden Dokumentes auf diese Themen Stellung beziehen ließen.

Als Aufgaben in diesen Tagen berichteten sie aus ihren Kleingruppen etwa von dem konstruktiven Vorschlag, die positive Botschaft und Wertschätzung der Familien für die nächste Stufe der Synoden-Dokumentation am Freitag dieser Woche deutlicher herauszuarbeiten (so vor allem Kardinal Napier) oder die Ehevorbereitung in die Hände verheirateter –

junger– Paare zu geben (Kardinal Filoni). Dass es über die am Montagvormittag vorgetragenen 41 Wortmeldungen viele weitergehende Beiträge gebe und darüber das Dokument vom Montag naturgemäß verändert werden wird, mussten alle Teilnehmenden der Pressekonferenz mehrmals unterstreichen.

Dass morgen noch einmal ein ähnliches Pressebriefing bevorsteht, wenn mit dem Präsidenten des Päpstlichen Rates zur Neuevangelisierung, Erzbischof Rino Fisichella, und dem Vorsitzenden der amerikanischen Bischofskonferenz, Erzbischof Joseph Edward Kurtz zwei weitere Synodenteilnehmer von ihren Eindrücken aus den Kleingruppen berichten, setzt die Kontinuität in der transparenten Kommunikation fort; obwohl eigentlich in aller konzentrierten Ruhe in den Sprachzirkeln gearbeitet wird und also auch morgen keine weitergehenden Aussagen präsentiert werden. Denn der Ertrag der Kleingruppenarbeit wird erst am Donnerstag zunächst dem Synodenplenum vorgestellt – und wie gewohnt transparent auch in einer summarischen Aufstellung veröffentlicht – und am Freitag wiederum von Kardinal Erdö in seiner abschließenden Dokumentation allen Synodalen vorgestellt.

An eben diesen beiden letzten Arbeitstagen erwarten uns zweideutschsprachige Kardinäle in der Pressekonferenz mit Kardinal Schönborn am Donnerstag und Kardinal Marx am Freitag, wie Pressesprecher Lombardi gegen Ende der heutigen Pressekonferenz verriet – und damit auch zwei gewichtige Stimmen dieser Bischofssynode. Und um am Ende eines weltweiten Pressesturms auch mit einer deutschsprachigen und zuversichtlichen Stimme von Kardinal Marx zu enden, die heute die Deutsche Bischofskonferenz veröffentlicht hat, von einem, der wirklich auch dabei gewesen und dem Pressesturm in ebenso ruhiger wie gefasster Form die Stirn zu bieten gewohnt ist:

"Wir haben bisher eine offene und ehrliche und in den Themen breitgefächerte Diskussion erlebt. Ich bin dankbar, dass die unterschiedlichen Gesichtspunkte auf den Tisch gekommen sind. Papst Franziskus hat uns zu Beginn der Beratungen ermutigt, offen zu sprechen und zuzuhören. Das ist gelungen."

Mittwoch, 15. Oktober 2014
Die Konzentration in diesen Tagen ist fast mit Händen zu greifen...

Als wenn sich der Pressesturm von gestern über Nacht gelegt habe, vermittelten die heute zur Pressekonferenz geladenen Moderatoren zweier Kleingruppen, der Erzbischof von Barcelona, Kardinal Lluís Martínez Sistach, und Erzbischof von Louisville, Joseph Edward Kurtz, sowie der als Relator einer italienischen Sprachgruppe die Ergebnisse zusammenfassende Präsident des Päpstlichen Rates zur Neuevangelisierung, Erzbischof Rino Fisichella, den Eindruck, dass der von Pressesprecher Federico Lombardi noch einmal als solcher titulierte 'Cammino sinodali' in guter Gemeinschaft und konzentrierter Auseinandersetzung voranschreitet.

Gefragt, ob das Presseecho und das Einwirken von Lobbygruppen die Arbeit der Synodalen beeinflusse, erinnerte Kardinal Sistach an den von Papst Franziskus zu Synodenbeginn allen Synodalen zugesprochenen Freiheitsraum. Und auf dieselbe Frage reagierend, verwies Erzbischof Fisichella auf die fruchtbare Arbeit, die sich gerade in der geschützten Kleingruppenarbeit zeige, weil hier die im Plenum auf vier Minuten begrenzte Redezeit sich zu der Freiheit öffne, sich ohne zeitliche Beschränkung auszudrücken. Die gestern vor allem in seinem Status für die weitere Synodenarbeit diskutierte Zusammenfassung der ersten Synodenwoche, die 'Relatio post disceptationem', wurde von Erzbischof Kurtz heute - ähnlich wie am Montag – noch einmal als 'wonderful working document' hervorgehoben, das in allen Kleingruppen Absatz für Absatz diskutiert und ergänzt wird.

"Man geht durch den Text – die Relatio – diskutiert, macht Textvorschläge, bespricht diese und arbeitet sich so durch die einzelnen Teile hindurch. Wenn es

einen ausformulierten Änderungsvorschlag gibt, wird
der in der Arbeitsgruppe abgestimmt und bei Mehr-
heit geht er an die Redaktionsgruppe weiter, die alle
Vorschläge aus allen Gruppen einsammelt." (Radio
Vatikan vom 15.10.2014)

Der Vorsitzende der amerikanischen Bischofskonferenz, Erzbischof Kurtz, erwartet, dass der missionarische Impetus bzw. "missionary outlook" der ersten Relatio, der nicht ausgrenzt, sondern einladend auf die Menschen der heutigen Zeit zugeht, auch in einem über die Kleingruppenarbeit vertieften und weiter verbesserten Schlussdokument enthalten sein werde, das den gesamten synodalen Prozess zusammenfasst – und hofft noch mehr, dass es mehr als nur ein Text sein werde und schon mit Ende der Synode in eine pastorale Praxis übergeht. Dieser in der gestrigen Pressekonferenz gar nicht ins Wort gekommene pastorale Hauptakzent der am Dienstag beinahe nur auf den Grad der Verbindlichkeit diskutierten Relatio ließ heute auch die gestern vor allem umkreisten Fragen hinsichtlich der Wertschätzung nichtehelicher Lebensgemeinschaften und des Umgangs mit wiederverheiratet Geschiedenen anklingen. Und hier drückte sich Erzbischof Kurtz in der Pressekonferenz in einer Formulierung aus, die hinsichtlich des pastoralen Ansatzes der bisherigen Synodenarbeit und der gewählten Offenheit der Formulierung wohl auch das Abschlussdokument kennzeichnen könnte:

„Meine Wahrnehmung aus unserer Gruppe ist die Haltung des Willkommen-Heißens. Das war die Tendenz. Was die Frage des Kommunionempfangs betrifft, da war die Tendenz die, dass mehr theologische Vertiefung verlangt wurde, um sicherzustellen, dass unsere Entscheidungen theologisch wohlbegründet sind. Aber das erste Wort ist wirklich der Begriff: Hinausgehen und willkommen heißen." (Radio Vatikan vom 15.10.2014)

Erzbischof Fisichella meinte auf die Frage nach Tendenzen hinsichtlich einer Neuakzentuierung der Lehre zu dem Themenkomplex Empfängnisregelung und Weitergabe des Lebens, dass dieses Thema in Hinblick auf das Gewissen wie den Einsatz zur Gewissensbildung diskutiert worden sei. Hier wie dort – und zu vielen anderen offen diskutierten Themen – werden Ansätze für den weiteren synodalen Prozess beschrieben, deren Entfaltung Aufgabe der nächsten Monate sein wird. Am morgigen Donnerstag werden Erzbischof Fisichella und die neun anderen Berichterstatter der Gruppen erst einmal in der Vollversammlung berichten. Und danach geht es für die Endredaktoren um die Aufgabe, innerhalb von beinahe nur einem Tag einen Text zu formulieren, der im Anschluss den Bistümern und der Weltkirche zur Vorbereitung und Weiterarbeit gegeben wird´ – in Vorbereitung auf die kommende Synode 2015. Pater

Hagenkord fasst die positiv gespannte Atmosphäre heute wie folgt zusammen:

"Allen Teilnehmern hier ist klar, dass nach den öffentlichen Reaktionen auf die Relatio am Montag nun die Augen auf ihre Arbeit gerichtet ist. Es ist ein neues Gefühl, in der Vergangenheit war das Interesse an Synoden eher übersichtlich. Man arbeitet hier am Abschlusstext, aber auch daran, etwas für die Diskussionen und Arbeiten in der Weltkirche zu erstellen. Wie gesagt, man kann die Konzentration in diesen Tagen fast mit Händen greifen. (Radio Vatikan vom 15.10.2014)

Accompagnare – Accoglienza – un regard positif: oder hermeneutische Schlüssel der relatio sinodi

Es war der Tag der Zusammenfassungen der Arbeitsgruppen, die zunächst im Synodenplenum vorgetragen und nachfolgend veröffentlicht wurden. Einem der Moderatoren eines 'Circulus Gallicus' – einer francophonen Kleingruppe –, dem Wiener Erzbischof Christoph Kardinal Schönborn, fiel es in der heutigen Pressekonferenz zu, den Stand des synodalen Geschehens ins Wort zu bringen. Als Mitglied des vorbereitenden Synodenrates berichtet er, wie sehr es Papst Franziskus schon zu Beginn der Synodenplanungen ein Anliegen gewesen sei, sich der Bedeutung und der Herausforderung der Familie zuzuwenden und zu einem gemeinsamen synodalen Weg über mehrere Etappen einzuladen. Eines der von Papst Franziskus immer wieder gebrauchten Schlüsselwörter sei 'Accompagnare', das Kardinal Schönborn in verschiedensten Formulierungen immer wieder zitierte. Dazu gehörten die Begleitung der Familie in der Betonung ihrer Bedeutung und Schönheit für jede einzelne Person wie für die Gesellschaft insgesamt, die Unterstützung in ihren Gefährdungen, aber auch die Aufgabe für die Kirche, ihre gefasste Lehre mit der Botschaft der Barmherzigkeit immer wieder neu zu verbinden.

In allen vier Konzilssprachen gleichermaßen zuhause, führte Kardinal Schönborn den m.E. entscheidenden Gedanken in der Sprache der von ihm moderierten Kleingruppe aus. Unbeschadet der Eignung und der Aufnahme des Begriffes der 'Gradualität' (der von ihm in Analogie zum Kirchenverständnis des II. Vatikanischen Konzils vorgeschlagen wurde, um Elemente von Wahrheit und Heil auf den verschiedenen Stufen und Ausformungen familialen Lebens anzusprechen) sei doch eine breite Zustimmung in den Berichten der Kleingruppen darin zu spüren gewesen, den positiv-wertschätzenden Blick in der pastoralen Begleitung, in dem Zugehen auf den je konkreten Menschen in seinen Lebensverhältnissen als neuen Akzent einer veränderten Sichtweise in das Schlussdokument einzutragen. Als 'clé herméneutique', als Verständnisschlüssel, für die Erarbeitung wie die Erschließung des 'relatio sinodi' genannten Schlussdokumentes sieht Kardinal Schönborn folgende Frage (eigene Verschriftlichung aus der Pressekonferenz):

"Comment avoir un regard positif sur des situations qui ont des manques objektives?"

Vor genau dieser Frage, die mich in der Formulierung auch an die eigenen Erwartungen zu Beginn der Synode erinnern, steht das mittlerweile auf 11 Personen angewachsene, alle Kontinente und Sprachgruppen umfassende Redaktionsteam nach Einschätzung von Kardinal Schönborn. Diese Frage allein schon zu stellen, würde die Aufmerksamkeit des 'Accompagnare non iudicare' schon offen halten. Dass sie auch weitergehend ausgeführt wird, macht schon die erste Zusammenfassung der Kleingruppenergebnisse deutlich, in der die Kirche als 'einladendes Haus für Menschen' in den verschiedensten familialen Lebensformen bereits in einigen Beispielen ausgeführt wird.

Das Ringen um die richtigen Worte, um die „Spannung zwischen denen, die die Lehre ins Zentrum stellen und denen, die vom Leben der Menschen ausgehen" – wie dies der morgige Gast der Pressekonferenz Kardinal Marx vorgestern ausgedrückt hat – zu einem von allen oder zumindest von der großen

Mehrheit mitgetragenen Schlussdokument zu führen, hat begonnen. Dass diese das 'Accompagnare', das Mitgehen, die 'Accoglienza' – den freundlichen Empfang bezogen auf den Menschen von heute – die 'Kunst der Begleitung' zum Ausdruck bringen wird, lässt sich als roter Faden aller Synodentage erkennen.

"Vielleicht werden wir in zehn Jahren sagen: Wir waren dabei!"

Dass Deutsch keine der offiziellen Synodensprachen ist, merkte jeder Beobachter auf, der sich über die vergangenen zwei Wochen mit dem Verlauf der III. Außerordentlichen Bischofssynode in Rom auseinandersetzte. Erst eine der letzten Pressekonferenzen ließ mit dem Vorsitzenden der Deutschen Bischofskonferenz und Präsidenten der Kommission der Bischofskonferenzen der Europäischen Gemeinschaft, Reinhard Kardinal Marx, auch deutsche O-Töne hören, die mit den Aussagen des Vorsitzenden der Französischen Bischofskonferenz und Erzbischof von Marseille, Georges Pontier, zu einem Rück- und Ausblick wurden.

Der Rückblick betraf in den Ausführungen von Kardinal Marx insbesondere die 'Zuspitzung', die die Veröffentlichung der hoch gelobten wie in Teilen ebenso leidenschaftlich debattierten 'Relatio post disceptationem' zu Wochenbeginn bedeutete, die die

Diskussion seiner Meinung nach vorangebracht habe. In gleicher Weise charakterisiert Erzbischof Georges Pontier die Entwicklung zwischen der Veröffentlichung dieses Dokumentes und der Ergebnisvorstellung der Kleingruppenarbeiten am Donnerstag ebenfalls zunächst als einen Schritt zurück, der nun aber dazu führe die Balance zu suchen und zu finden zwischen einer Orientierung an tradierter Lehre und Optionen hin zu einem stärkeren Zugehen auf die individuellen Sorgen, Nöte und Herausforderungen der Menschen von heute. Das ist – wie gesagt – die Aufgabe der morgen im Synodenplenum vorgestellten, aber wahrscheinlich erst zu Beginn der nächsten Woche veröffentlichten 'Relatio sinodi', des Schlussdokumentes dieser Synode.

Für Kardinal Marx muss das Schlussdokument auch eine Antwort auf das von Papst Franziskus in seinem Lehrschreiben Evangelii Gaudium eindringlich beschriebene Plädoyer für eine den einzelnen Menschen begleitende, barmherzige und offene Kirche sein.

"[E]r erwartet von uns Impulse, die weiterführend sind, die voranschreiten, die Türen öffnen, die Möglichkeiten aufzeigen, das Evangelium von der Familie noch deutlicher, noch intensiver zu verkünden, auch im Gespräch mit den Menschen. Nicht nur, indem wir uns selber zitieren, sondern indem wir im Gespräch sind mit dem, was Menschen bewegt und was in der

Welt so vielfältig da ist, wie wir das in diesen Tagen gehört haben."

Damit ist zugleich auch der Ausblick schon mehr als angedeutet, der über die morgen veröffentlichte 'Botschaft an das Volk Gottes' auch das zu erarbeitende Schlussdokument kennzeichnen wird. Bei beiden „geht es nicht um einen Abschluss, sondern darum, wie die Spannung gehalten wird bis zur nächsten Synode, wie die Diskussion in den Bistümern, in den jeweiligen Ländern weitergehen wird, wie also dann die Synode in einem synodalen Prozess im Oktober nächsten Jahres dann fortgeführt wird." Die Einladung, den bereits mit der Umfrage im vergangenen Jahr angestoßenen synodalen Prozess in derselben Freiheit und Offenheit weiterzuführen, sich den Fragen nun auch in den Ortskirchen ganz konkret zu stellen, das wird die Hausaufgabe sein, die bereits vor der Synode formal feststand. Konkret:

"Wie können wir die Lehre der Kirche und die pastorale Situation zusammen bringen? Wie können wir die Verantwortung der Weltkirche und der Ortskirchen in ein gutes Verhältnis bringen? Das werden Themen sein, die uns in nächsten Monaten weiter beschäftigen."

Diese Synode war eine Ermutigung, eine Sprachfindung und ein Lernprozess in Freiheit und Transparenz. Und morgen „geht es nicht um einen Abschluss, sondern darum, wie die Spannung gehalten wird bis zur nächsten Synode, wie die Diskussion in den Bistümern, in den jeweiligen Ländern weitergehen wird, wie also dann die Synode in einem synodalen Prozess im Oktober nächsten Jahres dann fortgeführt wird." Am Ende der Pressekonferenz wollte Kardinal Marx – nach der Bedeutung der Außerordentlichen Bischofssynode im Vergleich mit dem II. Vatikanischen Konzil gefragt – nicht ausschließen:

"Vielleicht, wenn wir uns in zehn Jahren wieder treffen, können wir sagen: Wir waren dabei!

Kirche: ein Haus mit offenen Türen, die willkommen heißt ohne auszuschließen – oder was die eigentliche Botschaft am Ende der Bischofssynode darstellt

Wenn man allein auf die in Deutschland verbreiteten Agenturmeldungen zum Inhalt der 'Botschaft für das Volk Gottes' am Nachmittag wie zur Veröffentlichung der 'Relatio Synodi' am Abend zum Abschluss der III. Außerordentlichen Bischofssynode vertraute, würde man sich mehr als desinformiert fühlen, wenn man bei etwas tieferer Recherche gewahr wird, dass sie ohne Kenntnisnahme der heute um 13 Uhr bzw. 18:30 Uhr angesetzten Pressekonferenzen wie der vorzustellenden Dokumente publiziert wurden und den Synodenverlauf und den Gegenstand der Berichterstattung m.E. auf den Kopf stellen.

Zur Vorstellung der am Vormittag in der Synodenaula nach Angaben von Pressesprecher Fr. Federico Lombardi – mit der überwältigenden Mehrheit von 158 von 173 anwesenden Synodalen angenommen 'Abschlussbotschaft' erschienen in der mittäglichen Pressekonferenz die Kardinäle Raymundo Damasceno Assis, Erzbischof von Aparecida (Brasilien), der Präsident des Päpstlichen Rates für die Kultur, Kardinal Gianfranco Ravasi, und Kardinal Oswald Gracias, Erzbischof von Bombay (Indien). Dass der Publizierung der Abschlussbotschaft eine 'erste Lesung' gestern Nachmittag und die Einarbeitung von Ergänzungen und Verbesserungsvorschlägen vorausgegangen war, gehört ebenso zum Verständnis der 'relatio sinodi', des am Abend überraschender Weise ebenfalls schon veröffentlichten Abschlussdokumentes, wie die Berücksichtigung einiger formaler Aspekte, auf die Kardinal Ravasi zu Beginn der Pressekonferenz hinwies:

Zum Verständnis der 'Botschaft für das Volk Gottes' ist es wichtig zu wissen, dass sie in der Tradition aller Bischofssynoden steht und 'tröstende' (consolative) und 'ermutigende' (exhortative) Teile enthält, in der inkludierenden Wir-Form geschrieben, sich primär an die christlichen Familien richtet und ausgehend vom

Lehrschreiben Evangelii Gaudium von Papst Franziskus die Botschaft in die Welt tragen will, dass 'Christus die Kirche als ein Haus mit offenen Türen will, die alle willkommen heißt und niemanden ausschließt'. Nicht von ungefähr begegnen die beiden vorgestern als hermeneutische Schlüssel zum Verständnis des Abschlussdokumentes angesprochenen Begriffe 'accompagnare' und 'accoglienza' in einem zentralen Absatz gegen Ende des ersten Teiles dieser bereits in der Endfassung vorgelegten Botschaft:

"Christo ha voluto che la sua Chiesa fosse una casa con la porta sempre aperta nell'accoglienza, senza escludere nessuno. Siamo perciò grati ai pastori, fedeli e comunità pronti ad accompagnare e a farsi carico delle lacerazioni interiori e sociali delle coppie e delle famiglie."

"Christus hat gewollt, dass seine Kirche ein Haus mit einer immer offenen Türe sei, indem sie herzlich willkommen heißt, ohne jemanden auszuschließen. Wir sind deshalb den Hirten, Gläubigen und Gemeinschaften dankbar, die bereit sind zu begleiten und sich um die inneren und äußeren sozialen Verwundungen von Paaren und Familien kümmern." (eigene Übersetzung)

Beispiele für die Wunden und deren Heilung werden auch gegeben, denen die überwältigende Mehrheit (weit oberhalb der bei 123 Stimmen liegenden Zweidrittelmehrheit) der anwesenden Synodalen zugestimmt hat. Und dazu gehört überraschender Weise auch der Hinweis auf die Reflexion der pastoralen Begleitung ('accompagnamento pastorale') hinsichtlich der Zugangs zu den Sakramenten für die wiederverheiratet Geschiedenen. Das über den konkreten Modus der Zulassung hingegen keine Zweidrittelmehrheit unter den Synodalen der III. Außerordentlichen Bischofssynode festzustellen gewesen ist, machte am Abend die Veröffentlichung der 'Relatio Synodi' mit Bekanntgabe der einzeln – Punkt für Punkt – dokumentierten Abstimmungsergebnisse deutlich.

Wie in der abendlichen Pressekonferenz zur Vorstellung der Abstimmung des Abschlussdokumentes, der 'Relatio Synodi', bekannt wurde, hat 'nur' die einfache Mehrheit von 104 Stimmen (bei 74 Gegenstimmen in Anwesenheit von insgesamt 183 anwesenden Synodalen) einem Vorschlag zur Zulassung von wiederverheiratet Geschiedenen zu den Sakramenten zugestimmt. Ebenfalls 'nur' eine qualifizierte Mehrheit von 118 Stimmen (bei 62 Gegenstimmen) erhielt der – seit der ersten Vorstellung noch einmal auf Mehrheitsfähigkeit hin überarbeitete – Passus, den pastoralen Umgang mit homosexuellen Personen in neuer Weise zu beschreiben. Diese – in der Umstrittenheit ja vor der Synode wie während des Synodenverlaufes bekannten – Punkte, die nun auch im Abschlussdokument festgestellt werden, können aber in der perspektivischen Verengung des Blicks auf diese zwei bzw. in Hinblick auf das Abstimmungsergebnis aller 62 Einzelziffern des Abschlussdokumentes das eigentliche 'Ergebnis' bzw. die eigentliche Botschaft der III. Außerordentlichen Bischofssynode nur verdecken, verdunkeln und verzerren.

Und so trifft auch die nächste abendliche Meldung derselben Nachrichtenagentur am Verlauf der Bischofssynode voll vorbei, wenn sie als 'Ergebnis' der Synode feststellt, dass 'keine Einigung bei strittigen Themen' erzielt worden sei (wenn es doch umgekehrt ist, dass 59 Punkte mit Zweidrittelmehrheit und nur drei mit qualifizierter Mehrheit angenommen wurden). Kann man den Synodenverlauf und die Ergebnisse mehr missverstehen und geradezu auf den Kopf stellen, frage ich mich. Statt die Transparenz der Öffentlichkeitsarbeit herauszustellen, die wesentlichen Punkte (eines dem Inhalt nach gar nicht zur Kenntnis genommenen Dokumentes) und Fortschritte, den neuen Ton, die neue Sprache zu unterstreichen, wird das Verfehlen einer Zweidrittelmehrheit in wenigen Einzelpunkten einer noch nicht einmal auf konkrete Ergebnisse ausgerichteten, die nächsten synodalen Schritte vorbereitenden Außerordentlichen Bischofssynode skandalisiert, wo sie doch – wie es in der abendlichen Pressekonferenz ausgeführt – als Reflexionsbasis für die weitere Bearbeitung in den Ortskirchen dienen sollen. Der Schaden in der Öffentlichkeit durch die offensichtliche Fehlinformation oder – was nicht besser ist – Unkenntnis einer Katholische Nachrichtenagentur, die doch die Botschaft der Kirche für die mediale Kommunikation übersetzen soll, könnte zum Abschluss dieser zentralen Bischofssynode kaum größer sein.

Die reißerische Botschaft erst einmal 'herausgehauen', wird es schwer sein, die – wie oben schon ausgeführt – mit den beiden Begriffen zusammenhängenden Begriffen, die den hermeneutischen Schlüssel, den Verständnisschlüssel, für das Abschlussdokument dieser III. Außerordentlichen Bischofssynode auch für die mit nur einfacher Mehrheit angenommenen Punkte deutlich zu machen. Achtzehn Mal wird das Wort 'Accompagnare' in den verschiedensten Wendungen in der 'relatio sinodi' aufgenommen, zehnmal der Wortstamm von Accogliere bzw. Accoglienza. Wie die am Montag vorgestellte 'relatio post disceptationem' ist auch das Abschlussdokument durch denselben Dreischritt gekennzeichnet: das Hören auf die Lebenswirklichkeit von Ehe und Familie, das Sehen derselben im Licht der Botschaft des Evangeliums und das daraufhin mögliche unterscheidende Deuten der pastoralen Herausforderungen der Familie in der heutigen Zeit.
Papst Franziskus hat am Abend durch eine bewegende und mit fünfminütigen Applaus bedachten Abschlussrede zum Ende der III. Außerordentlichen

Bischofssynode in der Synodenaula deutlich gemacht, wie sehr es ihm daran gelegen ist, den synodalen Prozess, der diese Bischofssynode kennzeichnete,
in die Welt und in jede Ortskirche hineinzutragen.
Dass Papst Franziskus das Punkt für Punkt auf Mehrheitsfähigkeit abgestimmte Abschlussdokument als
'Lineamenta', als Arbeitsgrundlage für den synodalen
Prozess der nächsten zwölf Monate charakterisiert
und in der heute vorgestellten Abschlussfassung zur
Veröffentlichung freigegeben hat: das ist die eigentlich einer Pressemeldung würdige Nachricht. Eine –
in dieser Transparenz und Offenheit – Überraschung
sondergleichen und eine weise Entscheidung zugleich, weil darin die Arbeit der 11 Personen umfassenden Redaktionsgruppeaus allen fünf Kontinenten
um Findung eines möglichst breiten Konsenses ebenso gewürdigt wurde – und auf den Punkt zum
Synodenschluss gleich einem Blitzlicht festgehalten
ist – wie der Grad der Zustimmung hinsichtlich des
derzeit beschriebenen Sachstandes unter den anwesenden Synodalen. Und es heißt, diese Punkte – wie
es in der Pressekonferenz ausgeführt wurde – vor Ort
weiter zu diskutieren, zu entwickeln, zu vertiefen.

Papst Franziskus hat den Ungeist der als Versuchung
jedem Synodalen widerfahren kann und gerade auch
aus ungenügenden Pressemeldungen spricht, in seiner
Schlussansprache bloßgestellt, die in der deutschen
Übersetzung vorliegt. Sie mögen seinen an jeden

Einzelnen von uns gerichteten Appell am Ende einer synodalen Etappe und vor Beginn eines weitergehenden synodalen Prozesses nicht verdecken.

"Liebe Schwestern und Brüder, wir haben jetzt noch ein Jahr, um die hier vorgeschlagenen Ideen in einer wirklichen geistlichen Unterscheidung reifen zu lassen und konkrete Lösungen für alle Schwierigkeiten und die unzähligen Herausforderungen zu finden, welchen die Familien begegnen müssen; Antworten zu geben auf die vielen Entmutigungen, welche die Familien umgeben und einschnüren. Ein Jahr, um an der ‚Relatio Sinodi' zu arbeiten, welche die getreue und deutliche Wiedergabe dessen ist, was in dieser Aula und in den Arbeitskreisen gesagt und diskutiert wurde.

Der Herr begleite und leite uns auf diesem Weg".

Der synodale Prozess – wie P. Hagenkord heute Abend ebenfalls in seinem Abschlussbericht bei Radio Vatikan feststellte – ist noch nicht vorbei! Er fängt gerade erst an!

Die Kirche als „liebevolle Mutter und Ausspenderin des Heils für alle Menschen" - oder: die letzten Worte zum Abschluss der Familiensynode 2014

Den Abschluss der III. Außerordentlichen Bischofssynode, die die XIV. Ordentliche Bischofssynode des nächsten Jahres vorbereiten wollte, bildete heute der feierliche Gottesdienst auf dem Petersplatz in Rom, in dem auch der Konzilspapst Paul VI. seliggesprochen wurde. Papst Franziskus nahm in seiner auch in deutscher Übersetzung vorliegenden Predigt auf beides Bezug:

„Das ist das ewig Neue, das man täglich wiederentdecken muss, indem man die Furcht überwindet, die uns oft angesichts der Überraschungen Gottes überkommt.
Er hat keine Angst vor dem Neuen! Darum überrascht er uns ständig, indem er ungeahnte Wege vor uns auftut und uns zu ihnen hinführt. Er erneuert uns, das heißt er lässt uns ständig „neu" werden. Ein Christ, der das Evangelium lebt, ist „die Neuheit Gottes" in der Kirche und in der Welt. Und Gott liebt diese „Neuheit" sehr!
„Gott geben, was Gott gehört", bedeutet, sich seinem Willen zu öffnen, ihm unser Leben zu widmen und an seinem Reich der Barmherzigkeit, der Liebe und des Friedens mitzuarbeiten.

71

Darin liegt unsere wahre Kraft, das Ferment, das sie treibt, und das Salz, das jedem menschlichen Bemühen gegen den vorherrschenden Pessimismus, den die Welt uns vorlegt, Geschmack verleiht. Darin liegt unsere Hoffnung, denn die Hoffnung auf Gott ist keine Realitätsflucht, sie ist kein Alibi: Sie bedeutet, Gott tatkräftig das zurückzugeben, was ihm gehört. Das ist der Grund, warum der Christ auf die zukünftige Wirklichkeit, auf die Wirklichkeit Gottes schaut, um das Leben in Fülle zu leben – mit beiden Beinen auf der Erde – und mutig den unzähligen neuen Herausforderungen zu begegnen.

Das haben wir in diesen Tagen während der außerordentlichen Bischofssynode gesehen – „Synode" bedeutet „gemeinsam unterwegs sein". Und so haben Hirten und Laien aus aller Welt die Stimme ihrer Teilkirchen hier nach Rom gebracht, um den Familien von heute zu helfen, den Weg des Evangeliums zu gehen und dabei auf Jesus zu blicken. Es war eine bedeutende Erfahrung, in der wir die Synodalität und die Kollegialität gelebt und die Kraft des Heiligen Geistes gespürt haben, der die Kirche immer leitet und erneuert – diese Kirche, die berufen ist, sich ohne Zögern der blutenden Wunden anzunehmen und in vielen Menschen ohne Hoffnung die Hoffnung neu zu entfachen.

Angesichts des Geschenkes dieser Synode und des konstruktiven Geistes, den alle beigetragen haben, sage ich mit dem Apostel Paulus: »Wir danken Gott für euch alle, sooft wir in unseren Gebeten an euch denken« (1 Thess 1,2). Und der Heilige Geist, der uns in diesen arbeitsreichen Tagen die Gabe verliehen hat, großherzig in wahrer Freiheit und demütiger Kreativität tätig zu sein, begleite weiterhin den Weg, der uns in den Kirchen der ganzen Erde auf die Ordentliche Bischofssynode im kommenden Oktober 2015 vorbereitet. Wir haben gesät und werden mit Geduld und Ausdauer weiter säen, in der Gewissheit, dass es der Herr ist, der wachsen lässt, was wir gesät haben (vgl. 1 Kor 3,6).

An diesem Tag der Seligsprechung von Papst Paul VI. kommen mir seine Worte in den Sinn, mit denen er die Bischofssynode errichtete: »Die Zeichen der Zeit aufmerksam durchforschend, [suchen wir,] die Wege und Methoden [...] den wachsenden Notwendigkeiten unserer Tage sowie den veränderten Verhältnissen der Gesellschaft anzupassen« (Apost. Schreiben Motu proprio Apostolica sollicitudo). [...]

In seinem persönlichen Tagebuch schrieb der große Steuermann des Konzils am Tag nach der Schließung der Konzilsversammlung:»Vielleicht hat der Herr mich in diesen Dienst gerufen und hält mich darin, nicht etwa weil ich eine Begabung dafür hätte oder

damit ich die Kirche regiere und vor ihren gegenwär-
tigen Schwierigkeiten rette, sondern damit ich etwas
für die Kirche leide und es deutlich wird, dass Er und
kein anderer sie leitet und sie rettet« (P. Macchi,
Paolo VI nella sua parola, Brescia 2001, S. 120-121)
In dieser Demut erstrahlt die Größe des seligen
Pauls VI. Während sich eine säkularisierte und feind-
liche Gesellschaft abzeichnete, hat er es verstanden,
weitblickend und weise – und manchmal einsam –
das Schiff Petri zu steuern, ohne jemals die Freude
am Herrn und das Vertrauen auf ihn zu verlieren.

Paul VI. hat es wirklich verstanden, Gott zu geben,
was Gott gehört, indem er sein ganzes Leben der
»heiligen, gewaltigen und äußerst gewichtigen Auf-
gabe« widmete, »die Sendung Christi in der Zeit
fortzuführen und über die Erde auszudehnen« (Homi-
lie zum Ritus der Papstkrönung: Insegnamenti I,
(1963), 26). Er hat die Kirche geliebt und hat sie
geleitet, damit sie »zugleich liebevolle Mutter und
Ausspenderin des Heils für alle Menschen sei« (En-
zyklika Ecclesiam Suam, Prolog). "

Vielstimmiges Presseecho der Familiensynode und ihre eigentliche Botschaft

Vielstimmiger hätten die Reaktionen nach dem Ende der III. Außerordentlichen Bischofssynode zu den ‚Herausforderungen der Familie im Kontext der Evangelisierung' kaum ausfallen können. Und sie verteilen sich gleichmäßig in den vier Feldern eines Koordinatensystems entlang der Achse, die den Grad der wahrgenommenen Veränderungen beschreibt, und diese nun entweder begrüßen oder beklagen.

(Vielstimmiges Echo und konträre Bewertungen zum Abschluss der Familiensynode des Jahres 2014)

Da waren diejenigen, die in einer bewussten oder unbewussten Perspektivverengung keine Veränderung in zentralen Fragestellungen wahrgenommen haben und von unterschiedlichen Warten aus scheinbar Unverrücktes oder Unverrückbares (Keine Einigung bei strittigen Themen erzielt) beklagten oder positiv bekräftigt sahen (Roma locuta – Die Synode sagt Nein!). Dergleichen Positionen standen und stehen diejenigen gegenüber, die eine ganze Reihe von Veränderungen wahrnahmen und je nach dem die ,Anpassung an den Zeitgeist' wirksam werden sahen (Synode hat Tür zur Hölle geöffnet) oder aber den Stil- und Perspektivwandel und den Wechsel der Denk- und Diskussionsform als ,Revolution' feierten.

Die Veränderungen auf der Familiensynode

Unabhängig davon, ob und welche Veränderung wahrgenommen wurde oder nicht, beabsichtigt waren einige Veränderungen in der Form der Bischofssynode von Anfang an. Die ,Herausforderungen der Familie' sollten nach einer nach einer neuen Wahrnehmung geradezu schreienden, weltweiten Umfrage in den Blick kommen und ,im Kontext der Evangelisierung' diskutiert werden. Und rein in der Form sollte nach Aussagen des Generalsekretärs der Synode Kardinal Baldisseri eine „müde gewordene" Struktur der Bischofssynoden dynamisiert und transparenter gestaltet werden.

"Papst Franziskus wolle eine solche Belebung der Synode, sie solle Resonanzraum und Ort für echten Dialog sein, außerhalb der vatikanischen Kurie und nur dem Papst und den Bischöfen verantwortlich. Deswegen sei die Wiederentdeckung des Prozessgedankens einer Synode so wichtig gewesen, sie habe die gerade zu Ende gegangene Versammlung der Synode bestimmt. In der Synode gehe es nicht um Abstimmung über kirchliche Lehre, sondern darum, sich vom Herrn leiten zu lassen; sie sei ein geistlicher Prozess." (Radio Vatikan vom 30.10.2014)

Und dieser geistliche Prozess war für jeden, der wollte, ein durchaus öffentlich mitvollziehbarer: Erlebt haben wir eine aus meiner Sicht geradezu beispiellose Transparenz während der Synodentage, die es jedem Außenstehenden möglich gemacht hätte – via Twitter, SoundCloud oder Youtube beinahe in Echtzeit – den Synodenverlauf mitzuerleben. Wenn man ein wenig vielsprachig veranlagt ist, kann man auch noch im Nachhinein, im Durchlesen, Nachhören und Anschauen der in diesem Blog verlinkten Dateiformate die Weltkirche im O-Ton vor Augen sehen und in den vier Synodensprachen auch beinahe mehr hören, als es in einer immer auch nur ungefähren deutschen Simultanübersetzung möglich gewesen wäre.

Papst Franziskus als Garant des offenen Wortes

Am meisten beeindruckt hat mich das Verhalten von Papst Franziskus, der durch seine Einladung zum offenen Wort, seine den Synodenverlauf bestimmende stete Anwesenheit, sein vielzitiertes, zuhörendes Schweigen (wie ein ‚Fels in der Brandung‘), durch die den Primat des Papstamtes über alle Positionen und Lagerbildungen hinweg unterstreichende Schlussansprache; schließlich durch die nach wie vor spektakuläre Entscheidung der unmittelbaren Veröffentlichung des Abschlussdokumentes der ‚Relatio Synodi‘ samt den Abstimmungsergebnissen. Damit wurde der Fortschritt und die Einigkeit in den allermeisten Fragen ebenso dokumentiert wie die – für Synoden gänzlich unüblich – noch bestehende Uneinigkeit zum Synodenende (obwohl gerade dies ja eigentlich auch ein von Anfang an erwartbares Ergebnis für eine von Anfang an als Zwischenetappe gekennzeichnete Synode war). Beinahe paradox mutet es an, dass Papst Franziskus das Pfund seines Primates dafür einsetzt, dass in Freiheit gesprochen werden konnte und auch in Zukunft um die Wahrheit und den weiteren Weg der Kirche in den zentralen Fragen – cum Petro et sub Petro - gerungen werden kann und soll.

Wie gesagt: Zu Beginn der Synode, indem Franziskus sich in seinem Papstamt als Garant für die freie

Rede erklärte, das offene Wort mit der Aufforderung dazu verband, nichts aus falschen Rücksichten zurückzuhalten, „was man sich im Herrn zu sagen gedrängt fühlt [...]. Die Anwesenheit des Papstes ist eine Garantie für alle" (Radio Vatikan vom 6.10.2014). Zum Ende, dass er in seiner Abschlussansprache seine Überparteilichkeit durch die Skizzierung der Versuchungen der verschiedenen Parteiungen unter Beweis stellte. Dort warnte er gleichermaßen vor der "Versuchung der feindlichen Erstarrung" der Traditionalisten wie vor falscher Barmherzigkeit eines "zerstörerischen Gutmenschentums". (Vgl. Radio Vatikan vom 18.10.2014) Und bekräftigt wurde dadurch die eigentliche Botschaft der Synode, die das Thema selbst ist, nämlich sich intensiv mit dem Thema und den Herausforderungen der Familie zu beschäftigen, „Antworten zu geben auf die vielen Entmutigungen, welche die Familien umgeben und einschnüren" (ebd.), in der Zeit nach der Synode 2014 einen synodalen Weg fortzusetzen oder aufzunehmen.

Sprachfähigkeit - oder die "Umkehr in der Sprache"

Was ich im Rückblick auf meine Erfahrungen während der Synodenbeobachtung im täglichen Blogkommentar seit dem 2.10.2014 und in einigen Interviews für Radio, Fernsehen und Zeitungen bei mir selbst beobachtet habe, dass das Reden erst durch das Sprechen geschieht, dass Sprachfähigkeit erst möglich wird, wenn man sich der Sache annimmt, den Mut fasst, die Themen aufzunehmen und auszudrücken. Und hier sind es die vielen kleinen Schritte, die insgesamt einen synodalen Weg ergeben. Die Synodalen selbst drücken dies im Abschlussdokument in der Formulierung aus, dass es auch einer „Umkehr in der Sprache" [bedarf], damit sie wirklich an Bedeutungskraft gewinnt." (Relatio Synodi 33) Bei der Sprachfähigkeit handelt es sich nicht um ein Problem der Theorie sondern um ein ganz praktisches, tieferliegendes Problem: nämlich ein Wahrnehmungs- und darin auch dann auch Kommunikationsproblem. Was wir nicht wahrnehmen, dafür haben wir keine Worte und ist dann auch außerhalb unseres Handelns. Und umgekehrt: wofür wir keine (wertschätzende) Sprache haben, das nehmen wir nicht wahr und grenzen es aus unserem Handlungsumfeld (beinahe ohne es zu bemerken) aus. Wenn wir zu einem durch die Familiensynode aufgefordert sind, dann dazu, den Blick für das Wertvolle in den verschiedenen familiären Kontexten und Lebensbezügen der Menschen von heute zu richten und mit der kirchlichen Lehre von Ehe und Familie verbinden, eine wertschätzende Sprache zu lernen. Dieser Leitgedanke lässt sich in dem Zwischenbericht zu Beginn der zweiten Synodenwoche, aber nicht minder auch im Abschlussdokument – wie am vorletzten Synodentag in diesem Blog beschrieben – nachvollziehen. Den Blick zu lenken auf das Positive in den familialen Lebens- und Beziehungsformen der Menschen von heute, d.i. „der von Papst Franziskus nahegelegte ‚positive Blick auf das, was da ist' und nicht nur auf das, was fehlt" (ORF.at vom 20.10.2014), wie Kardinal Schönborn es ausdrückt.

"Kunst der Begleitung" – oder Schlüssel der Familiensynode

Damit werden weder alle Beziehungsformen für gleichwertig erklärt noch das Ideal von Ehe und Familie zur Disposition gestellt, sondern im Gegenteil von einer Warte aus – im Kontext der Evangelisierung – in den Blick genommen. Und das ist dann auch die Botschaft, die von der Familiensynode ausgeht und in den Ortskirchen aufgenommen und weiterbehandelt werden soll. Die "vom Papst gewollte Haltung der liebevollen Begleitung von Familien und von Menschen auf ihrem Weg zu einer christlichen Ehe" (Kathpress vom 7.11.2014) hat sich bei der jüngsten Familiensynode im Vatikan durchgesetzt. Diese Einschätzung wurde von den österreichischen Bischöfen zum Abschluss ihrer Herbstvollversammlung ins Wort gebracht. Und neben der Hinführung zur christlichen Ehe brauche es auch „neue Wege, um zu zeigen, dass Gott auch für jene seine Arme ausbreitet, die nicht dieses Ideal von Ehe und Familie leben." (Kathpress vom 1.11.2014)

Um diese Wege, um Erfahrungen, Austausch und eine neue Sprache, in der die Frohe Botschaft des Evangeliums ihre originäre Kraft in die Lebenswirklichkeit von heute entfalten kann – von den „Semina verbi" der gültigen Elemente außerhalb der christlichen Ehe (Relatio Synodi 22) bis zu den Idealen in Ehe und Familie – darum geht es auf dem synodalen Weg der nächsten Zeit. Das ist im Fadenkreuz des oben skizzierten Koordinatensystems eigentlich eine Besinnung auf die Mitte der christlichen Botschaft. Eine revolutionäre Neuansicht – gerade im Blick auf die vielen 'heißen Eisen', um die nach wie vor gestritten wird (und gerade in den nächsten Monaten ja auch gerungen werden soll!) – und doch eigentlich nicht minder die Rückbesinnung auf das Zentrum des Evangeliums. Dies zu entfalten, dazu bleiben uns jetzt noch knapp 11 Monate; und den Dreischritt des Abschlussberichtes vor Ort durchzubuchstabieren: Hören, Maß nehmen an der Botschaft Christi und auf Handlungsoptionen beziehen. Ganz konkret muss dabei die „Kunst der Begleitung" eingeübt und vor Ort erprobt werden, „damit alle stets lernen, vor dem heiligen Boden des anderen sich die Sandalen von den Füßen zu streifen" (Relatio Synodi 46 bzw. Evangelii Gaudium 169): Der wahre "Schlüssel der Familienseelsorge [...] von Angesicht zu Angesicht" (vgl. Radio Vatikan vom 27.10.2014).

Adventliche Verheißung und Ermahnung: Die 'Lineamenta' und ihre dringende Aufforderung „sich von der pastoralen Wende leiten zu lassen"!

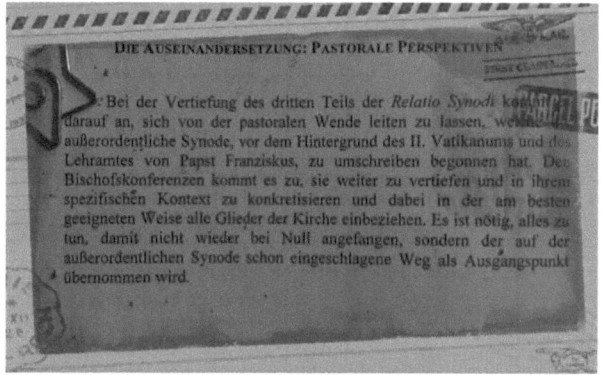

DIE AUSEINANDERSETZUNG: PASTORALE PERSPEKTIVEN

Bei der Vertiefung des dritten Teils der *Relatio Synodi* kommt darauf an, sich von der pastoralen Wende leiten zu lassen, welche die außerordentliche Synode, vor dem Hintergrund des II. Vatikanums und des Lehramtes von Papst Franziskus, zu umschreiben begonnen hat. Den Bischofskonferenzen kommt es zu, sie weiter zu vertiefen und in ihrem spezifischen Kontext zu konkretisieren und dabei in der am besten geeigneten Weise alle Glieder der Kirche einbeziehen. Es ist nötig, alles zu tun, damit nicht wieder bei Null angefangen, sondern der auf der außerordentlichen Synode schon eingeschlagene Weg als Ausgangspunkt übernommen wird.

(Ein Auszug aus den 'Lineamenta' in deutscher Übersetzung)

Als habe man das diese Woche aus Rom in deutscher Sprache eingetroffene Vorbereitungsdokument zur Bischofssynode 2015 – die sogenannten ‚Lineamenta' mit ‚Relatio Synodi' und 46 vertiefenden Fragen – abwarten wollen, so zögerlich und verhalten nehmen sich die Reaktionen der deutschen Diözesen in der Rezeption der Synodenergebnisse und der Aufnahme eines synodalen Prozesses auf den ersten Blick aus. Tatsächlich ist aber an einigen Stellen schon viel passiert, in Bewegung und noch mehr auch in Vorbereitung.

Ohne Geheimnisse aus Gremien, Arbeitsgruppen und Gesprächsrunden zu verraten, an denen ich seit Ende

Oktober teilnehmen konnte, hat etwa das Zentralkomitee der Deutschen Katholiken auf seiner Vollversammlung vom 20.–21.11.2014 in Bonn zentrale Thesen zu Ehe und Familie offen zur Diskussion gestellt und darin auch den Verlauf der Weltbischofssynode diesen Jahres fortgesetzt. "Es ist von ganz besonderer Bedeutung, dass diese Offenheit in unserer Kirche Schule macht und zum Standard wird", so der ZDK-Vorsitzende Alois Glück in einer Pressemeldung vom 21.11.2014. Und er fügte hinzu und unterstrich damit den neuen Umgangsstil und die neue Haltung innerhalb der katholischen Kirche auch ganz formal als Synodenergebnis: "Es ist ein großer Fortschritt, ein Segen für unsere Kirche, wenn Meinungsverschiedenheiten nicht mehr verdrängt und verdeckt und auf nicht nachvollziehbaren Wegen geregelt werden, sondern offen zur Sprache kommen." (Ebd.) Für Papst Franziskus ist dies – so erklärte er am 10. Dezember im Rahmen einer Generalaudienz auch ein Zeichen dafür, dass ein 'normaler synodaler Weg' eingeschlagen ist. Denn:

„Das ist die Freiheit, die es in der Kirche gibt."
(Papst Franziskus, ebd.)

Und wenn man so will, kann man diese Offenheit, den Willen zur Unterscheidung der Geister und zur Transparenz, den ich selbst auch in Hinblick auf die sehr offene Diskussion Ende November innerhalb der

Kommission Ehe und Familie der Deutschen Bischofskonferenz bestätigen kann, auch in der Entscheidung des Ständigen Rates der deutschen Bischöfe manifestiert sehen, in einer in diesen Tage erschienenen Arbeitshilfe Nr. 273 unter dem Titel 'Texte und Dokumente der Bischofssynode 2014' die Veröffentlichung folgender zum Teil unveröffentlichter Beiträge vorzusehen: Neben den Predigten und Ansprachen von Papst Franziskus während und zum Abschluss der Synode, der ,Relatio Synodi' und der Schlussbotschaft sollen auch die Zwischenrelatio, die Antworten der DBK auf den Fragebogen zur Vorbereitung der Synode und selbst die Positionsbestimmung der deutschen Bischöfe zum Thema ,Theologisch verantwortbare und pastoral angemessene Wege der Begleitung wiederverheiratet Geschiedener' publiziert werden, wie Kardinal Marx am 18.12.2014 nochmals bekräftigte. Und das ist – erstmals veröffentlicht – eben jene Positionsbestimmung der deutschen Bischöfe, von welcher Kardinal Marx bereits Ende September ankündigte, dass er sie in Rom vortragen werde (s. den Blog-Beitrag vom 4.10.2014), und in der ersten Synodenwoche dann auch vorgetragen hat.

Nach der Synode ist vor der Synode?!

Nach der Synode ist vor der Synode, heißt es in der letzten Zeit oft. Und mit einem weiteren Fragebogen stellt sich auch sofort ein ‚Déjà-vu'-Eindruck ein. Doch sosehr es nun auch wieder um eine synodale Befragung und weltweite Einbeziehung aller Ortskirchen zur Vorbereitung der nächsten Bischofssynode geht, ist die Situation nicht nur in der bereits erwähnten, offeneren Weise der Kommunikation verändert. Denn es wird deutlich, dass es nicht mehr darum geht wie vor der Außerordentlichen Bischofssynode des Jahres 2014 Einstellungen und Vorschläge zusammenzutragen, als wenn im nächsten Jahr eine Art Reinszenierung derselben Fragestellungen und -bearbeitung nur mit z.T. neuen Synodalen geplant wäre. Vielmehr geht es nächstes Jahr um die Ausarbeitung, Vertiefung und Begründung der Synodenergebnisse der Abschlussrelatio – entlang des bereits die Zwischenrelatio zur Synodenhalbzeit kennzeichnenden Dreischrittes: Wahrnehmen der konkreten Umstände und Herausforderungen, der Blick auf Christus und die Behandlung der pastoralen Perspektive, wie Papst Franziskus die Gliederung am 10.12.2014 kurzfasste.

„...sich von der pastoralen Wende leiten zu lassen"

Diese auch das Abschlussdokument kennzeichnende Struktur soll nunmehr konturiert, vertieft und weiterentwickelt werden – ggf. auch wieder ergänzt, wenn etwa wichtige Themen hinunter gefallen sind. Und indem der Fragenkatalog mit den 46 Einzelfragen sich eng auf die ,Relatio Synodi' bezieht, soll zugleich verhindert werden, dass die Bischöfe – Zitat – „ihre eigenen Vorstellungen von einer Seelsorge als reiner Anwendung der Lehre" äußerten, die nicht die Folgerungen der Außerordentlichen Bischofssynode berücksichtige. Der Fragenkatalog solle den „nötigen Realismus" fördern und das nächste Bischofstreffen von dieser Grundlage aus weiterarbeiten. Man dürfe „nicht wieder bei Null anfangen", heißt es ausdrücklich in den Leitlinien. Die Außerordentliche Synode vom Herbst 2014 müsse Ausgangpunkt für die künftigen Arbeiten sein und die von ihr begonnene „pastorale Wende", die „im Zweiten Vatikanischen Konzil (1962-1965) und dem Lehramt von Papst Franziskus" wurzele, müsse fortgesetzt werden. Klarer und unmissverständlicher kann man den Auftrag zur Vorbereitung der nächsten Bischofssynode eigentlich nicht aussprechen. Und alle –wirklich alle – Beiträge, Pressemeldungen und Kommentare zur Synode dieser und der kommenden Tage, Wochen und Monate, werden sich daran messen lassen müssen, ob sie dieser Perspektive der Vorbereitung entsprechen – oder sich selbst diskreditieren.

Aber worin besteht die ,pastorale Wende' genau? Die einleitenden Sätze des Fragenkataloges führen es überdeutlich aus – und werden vielleicht deshalb auch so schnell überlesen und durch andere Schlagzeilen vergessen gemacht –, dass ein neues Selbstverständnis „in dieser Stunde der ‚Kirche, die aus sich herausgeht'", beschrieben und manifestiert wird.

„Der erneuerte, von der außerordentlichen Synode vorgezeichnete Weg gliedert sich in einen weiteren kirchlichen Zusammenhang ein, wie er von Papst Franziskus im Apostolischen Schreiben Evangelii Gaudium dargelegt wurde, der nämlich von den ‚existentiellen Peripherien' ausgeht, einer von der ‚Kultur der Begegnung' gekennzeichneten Pastoral, welche in der Lage ist, das freie Handeln des Herrn auch außerhalb unserer gewohnten Schemata zu erkennen und, ohne Verlegenheit, jenen Charakter des „Feldlazaretts" zu übernehmen, welche der Verkündigung der Barmherzigkeit Gottes so förderlich ist."

Was das heißt, beschreibt Kardinal Schönborn in der Dezember-Ausgabe der Herder Korrespondenz als „ein noch offeneres Hinschauen auf die Lebenswirklichkeit" sowie als einen „stärkeren Blick auf die Geschichtlichkeit von Ehe und Familie". (Kathpress, 3.12.2014) „In der ersten Synode nämlich sei von Ehe und Familie oft so gesprochen worden, 'als handele es sich um etwas, das im interstellaren Raum stattfindet und nicht in einer bestimmten Geschichte, in einer bestimmten Gesellschaft, unter bestimmten Lebensbedingungen'". (Ebd.) Wie dieser theologische Brückenschlag gelingen kann, welche Ansätze es gibt, welche Modelle und Begriffe, davon wird das nächste Jahr voll und eine breite Beteiligung in den

Ortskirchen um der Sache selber willen nötig, ja um der Akzeptanz willen auch gefordert sein. Dass und wie diese Perspektive gehalten, geschärft und weiterentwickelt wird, werde ich in diesem Blog Monat für Monat gewissenhaft beobachten.

Im Grundsatz ist es ja mutatis mutandis dieselbe Frage, die schon vor der Außerordentlichen Bischofssynode an das Bischofstreffen herangetragen wurde – mit dem feinen und entscheidenden Unterschied, dass nun Rom 'uns' in einer wirklichen Weihnachtspost ebendiese Fragestellung in 46 Einzelziffern zurückgibt und zur gemeinsamen Exploration einlädt. Eine adventliche Verheißung und Ermutigung!

"Fürchtet Euch nicht..." (Lk 2,10)

Nachtrag am 23.12.2014: Wie im Erzbistum Köln der Umgang mit dem Fragenkatalog der 'Lineamenta' unter Einbezug der Kreis- und Stadtdekanate und Gremien und Verbände abgelaufen ist, können Sie auf www.erzbistum-koeln.de/familiensynode nachlesen.

Die richtigen Fragen gestellt?! – oder eine Anleitung zur Beschäftigung mit dem Fragebogen zur Vorbereitung der Familiensynode 2015

(Online-Fragebogen des Familienbundes der Katholiken für das Erzbistum Köln e.V.: www.fragebogen-familiensynode.de)

"Es kommt darauf an, die richtigen Fragen zu stellen!", sagte mir bei einem Professorentreffen der Katholisch-Theologischen Fakultät der LMU München der theologische Altmeister Karl-Wilhelm Korff im Sommersemester 2014. Und dieser Satz – von Korff ohne einen Anflug von Überheblichkeit in dem Sinne gemeint, dass zu allermeist in der theologischen Wissenschaft die falschen Fragen gestellt würden, wenn denn überhaupt gefragt wird – schoss mir in wieder in den Sinn, als ich den neuerlichen Fragenkatalog zur Vorbereitung der Bischofssynode 2015 über die Jahreswende auf mich wirken ließ.

Denn erst mit diesen neuen Fragen orientierte sich für mich der weitere Weg bis zur Bischofssynode im Oktober 2015. Reichten davor die Aufrufe zur je persönlichen, gemeindlichen oder verbandlichen Beteiligung von der Empfehlung der Auseinandersetzung mit dem gesamten Themenkomplex rund um Ehe und Familie bis hin zur Konzentration auf diejenigen Ziffern 52, 53 und 55 des Abschlussdokumentes (zu den Themen ‚Wiederverheiratet Geschiedene‘ und ‚Homosexualität‘), die bei der Außerordentlichen Synode 2014 keine Zweidrittelmehrheit bekamen, ist mit dem neuen, in den 'Lineamenta' der 'Relatio Synodi' unmittelbar angehängten Fragenkatalog nicht nur eine gemeinsame Grundlage für die Vorbereitung weltweit gegeben, sondern aus meiner Sicht auch dieselbe und zielführende Fragerichtung wieder aufgenommen, die schon die III. Außerordentliche Synode des Jahres 2014 durchweg prägte.

Ausgehend von einer grundsätzlichen Fragerichtung

Die 46 vielleicht auch in der deutschen Übersetzung zunächst etwas sperrig zu lesenden (und sprachlich und inhaltlich z.T. mehr an Multiplikatoren gerichtet zu sein scheinenden) Frageabsätze beschreiben auf etwa zehn DIN A4-Seiten tatsächlich einen Mittelweg zwischen einer unkonkreten und allgemeinen

Beschäftigung mit dem gesamten Themenkomplex und einer alleinigen Fokussierung auf die oben genannten Gretchenfragen und muten jedem Leser / jeder Leserin stattdessen eine sehr umfängliche Textarbeit des weitere zwanzig Seiten umfassenden Abschlussdokumentes der ‚Relatio Synodi' zu. Der – wie bereits in diesem Blog Ende November ausgeführt – die Abschlussrelatio kennzeichnende Dreischritt "Hören, Maß nehmen an der Botschaft Christi und Beziehen auf konkrete pastorale Felder" ist darüber ebenso mitzuvollziehen wie „der von der außerordentlichen Synode vorgezeichnete Weg [...], der nämlich von den ‚existentiellen Peripherien' ausgeht, einer von der ‚Kultur der Begegnung' gekennzeichneten Pastoral, welche in der Lage ist, das freie Handeln des Herrn auch außerhalb unserer gewohnten Schemata zu erkennen". Und in diesem Sinn sind die Einzelfragen von den Einleitungen der Teile I.-III. (jeweils vor den Fragen 1-11, 12-22 und 23-46) her zu verstehen. Diese zielen darauf,

„den nötigen Realismus bei den Überlegungen [...] zu erleichtern, um zu vermeiden, dass ihre Antworten von solchen Schemata und Perspektiven gegeben werden, die einer Pastoral eigen sind, welche lediglich die Lehre anwendet und auf diese Weise die Schlussfolgerungen der außerordentlichen Synodenversammlung nicht berücksichtigen und damit [...] von dem schon vorgezeichneten Weg wegführen würde."

Die beiden allerersten Fragen – ohne eine eigene Ziffer und auf alle Teile des Abschlussdokumentes bezogen – lauten deshalb:

"Entspricht die Beschreibung der Realität der Familie, wie sie die Relatio Synodi vornimmt, dem, was heute in Kirche und Gesellschaft festgestellt werden kann. Welche fehlenden Aspekte können ergänzt werden?"

... zu den konkreten Einzelfragen: eine kurze Summary

Aus demselben Grund wird auch und gerade im ‚hörenden' I. Teil nach kulturellen Ansatzpunkten und gemeinsamen Elementen im gesellschaftlichen Pluralismus, nach Familien in Extremsituationen und den Fernstehenden gefragt (1-6). Im II. Teil wird die zu findende Pädagogik orientiert an der der göttlichen Pädagogik Christi – und auch hier ausgegangen von den Ansatzpunkten von Ehe und Familie im Leben von Jugendlichen und Erwachsenen in Hinblick auf die Entfaltung des Heilsplanes Gottes (7-19) und die mit ihm zusammenhängende „Barmherzigkeit gegenüber den verletzten und schwachen Familien" (20-22). Erst vor diesem Fragehintergrund werden im III. Teil „Pastorale Perspektiven" der Verkündigung in unterschiedlichen Kontexten in den Blick genommen und die Wege zur Vorbereitung auf die Ehe und zu

ihrer Begleitung ebenso angesprochen wie die ‚Seelsorge für jene, die in einer Zivilehe oder ohne Trauschein zusammenleben' (23-34) und die ‚verwunde-
ten Familien' (Getrenntlebende, nicht wiederverheiratet Geschiedene, wiederverheiratet Geschiedene;
35-39) und Personen homosexueller Orientierung
(40). Mit der Behandlung der Themenfelder ‚Weitergabe des Lebens und die Herausforderung des Gebur-
tenrückgangs' (41-44) zur Erziehung und der Weitergabe des Glaubens schließt der Fragekreis.

**… mit ‚theologischen Schlüsseln' für eine zeitge-
mäße Familienpastoral**

Überdeutlich wird mit dem neuen Fragebogen das im
Blog-Beitrag im November hervorgehobene Resümee unterstrichen, dass sich die "vom Papst gewollte
Haltung der liebevollen Begleitung von Familien und
von Menschen auf ihrem Weg zu einer christlichen
Ehe" bei der jüngsten Familiensynode im Vatikan
durchgesetzt hat und es neben der Hinführung zur
christlichen Ehe auch „neue Wege [braucht], um zu
zeigen, dass Gott auch für jene seine Arme ausbreitet,
die nicht dieses Ideal von Ehe und Familie leben."
M.a.W., gefragt und gesucht werden die Beschreibung familialer Wirklichkeit und die sich darauf
beziehenden pastoralen Möglichkeiten wie die Reflexion theologischer Modelle und ‚theologischer

Schlüssel', um „semina verbi" (vgl. Relatio Synodi 22) bzw. „Spuren Christi" in familialen Beziehungsformen unterschiedlichster Art auch in Beziehungen abseits des katholischen Eheideals zu finden, die dennoch gleichermaßen ausgerichtet bleiben auf den ebenso deutlich zu akzentuierenden Heilsplan Gottes mit den Menschen.

… mithilfe des Prinzips der ‚Gradualität'

Einen dieser „theologischen Schlüssel" für die Berechtigung und Begründung für den von Papst Franziskus nahegelegten „positiven Blick auf das, was da ist und nicht nur auf das, was fehlt", hat die Synode 2014 mit dem Begriff der Gradualität – wie in diesem Blog-Beitrag am 7.10.2014 beschrieben – erprobt. Zu finden ist er in dem gerade erst mit dem Jahreswechsel Ende Dezember von der Deutschen Bischofskonferenz in einer Arbeitsübersetzung in deutscher Sprache veröffentlichten ‚Zwischenbericht' der III. Außerordentlichen Bischofssynode 2014 – und steht damit auch für die deutschsprachige Diskussion nunmehr zur Verfügung. Kardinal Schönborn favorisiert diesen theologischen Reflexionsbegriff weiterhin, obwohl er vor allem in der zweiten Synodenwoche der Familiensynode des Jahres 2014 kontrovers diskutiert wurde und im Abschlussdokument der Synode fehlt. Mithilfe des von Kardinal Schönborn nach der Synode in der November-

Ausgabe der Herder Korrespondenz noch einmal präzisierten Prinzips der ‚Gradualität'

"können auch in Partnerschaftsformen, die der katholischen Lehre zuwiderlaufen, familiäre Werte und die Suche nach Wahrheit gelebt werden. Der Gedanke hatte bei der Bischofsversammlung große Debatten und Widerstand ausgelöst. Es habe ihn , gewundert, wie vielen dies Sorge bereitet hat", erklärte Schönborn nun. Er selbst aber "bleibe dabei, dass diese Herangehensweise hilfreich ist", so der Kardinal: "Sie bedeutet ja nicht, dass, wenn ich nur einen Teil verwirkliche, dann alles in Ordnung ist. [...] Aber wir erkennen die Suche, den Weg, das Prozesshafte an."(Kathpress, 3.12.2014)

...und des Prinzips der ‚Analogie'

Ein weiterer theologischer Schlüsselbegriff wird von Seiten der deutschen Bischöfe mit ihren ebenfalls in der in der erwähnten, gerade erschienenen DBK-Arbeitshilfe 273 veröffentlichten Stellungnahme über "Theologisch verantwortbare und pastoral angemessene Wege zur Begleitung wiederverheiratet Geschiedener" eingebracht. Unbeschadet ihres vorsichtigen Votums für eine 'unter bestimmten Voraussetzungen mögliche Zulassung von wiederverheiratet Geschiedenen zu den Sakramenten' möchte ich den dafür herangezogenen Begründungsansatz zitieren, der m.E. ebenfalls das Potential hat, den synodalen

Prozess weiterzuführen. Die theologische Gedanken-
führung beschreibt – biblisch wie dogmatisch reflektiert –, „dass das Verhältnis zwischen dem Ehebund
und dem Bund Gottes mit seinem Volk ein analoges
ist. Neben den Ähnlichkeiten der beiden Bünde ist
die größere Unähnlichkeit theologisch wie pastoral
zu beachten [,...weshalb] auch die eheliche Liebe die
göttliche Liebe immer nur unvollkommen und gebro-
chen abbilden" (Ebd., 63) kann.

Auf diesem Gedankengang fußend, fragt die große
Mehrheit der deutschen Bischöfe, „ob dieses analoge
Verhältnis zwischen dem Ehebund und dem Bund
Gottes mit seinem Volk in der gegenwärtigen Verkündigung ausreichend bedacht wird" (Ebd., 64), um
zum Schluss dieser Veröffentlichung die Möglichkeit
der Zulassung von wiederverheiratet Geschiedenen
zu erwägen. Das Prinzip der (Verhältnis)Analogie
wird an dieser Stelle – die ja eine der am meisten
diskutierte Gretchenfragen betrifft – zitiert, so dass
'Analogie' auch ein Schlüsselbegriff für die dogmatisch vertiefte Diskussion des gesamten synodalen
Prozesses und der eingeleiteten, pastoralen Wende'
theologisch werden kann. Die Diskussion vertieft
sich, die richtigen Fragen sind gestellt und werden
nur im Mitgehen und -denken dieser Fragen – unbeschadet der Ergänzung ggf. hinunter gefallener oder
übersehener Punkte (s. die oben angesprochen, einlei-
tende 'Fragen bezüglich aller Teile der Relatio

Synodi') – weitergeführt. Auch ein Hinweis auf weitere Umfragen (wie der an die Vorbereitung der letztjährigen Synode erinnernde Fragenkatalog der Westfälischen Wilhelms-Universität Münster) darf diese prioritäre Aufgabe nicht vergessen lassen. Nehmen wir Papst Franziskus darin beim Wort und denken wir die Fragen des vorbereitenden Fragebogens mit, der auch als Online-Fragebogen (www.fragebogen-familiensynode.de) einzusehen ist!

Samstag, 14. Februar 2015

Freundschaft - ein weiterer Schlüsselbegriff für die Familiensynode

Papst Franziskus mutet seiner Kirche bei der Vorbereitung der kommenden Familiensynode im Oktober dieses Jahres viel zu. Wie im Blog vom 19.1.15 beschrieben, soll in einer ‚Kultur der Begegnung' von den ‚existentiellen Peripherien' aus die Lehre von Ehe und Familie erschlossen werden. Ein abermalig an alle Ortskirchen versandter Fragebogen dekliniert diesen Spannungsbogen in 46 Einzelfragen. Was hier systematisch, Punkt für Punkt, mit großem Ernst reflektiert wird, klingt rund um den Valentinstag in aller Leichtigkeit in den verschiedensten Liebesbeziehungen an.

(Valentinstag, Hohenzollernbrücke, Köln)

Ob mit Blumen, einem Schloss oder in einem Lie-
besgruß via Brief oder Snap-Chat ausgedrückt, wird
in kleinen oder größeren Liebeszeichen spürbar, dass
schon in der Liebe des Anfangs viel von dem enthalten ist, was in biblischer Zeit hinsichtlich der Liebe
zwischen Mann und Frau als Analogie von göttlicher
und menschlicher Liebe beschrieben wird (vgl. Eph
5,32). In der Liebe von Ehepartnern – so sagt es dann
auch knapp anderthalb Jahrtausende später das Trienter Konzil – spiegelt sich die Liebe Christi zu den
Menschen und seiner Kirche. Der hier zugrunde lie-
gende Gedanke lässt sich heute noch tiefer ausloten.
Denn wenn man die durch Christus möglich gewordene Gottesbeziehung (im Einklang mit einer ganz

breiten und doch nicht wirklich rezipierten Traditi-
onslinie über Augustinus, Thomas von Aquin, Teresa
von Avila etc.) als Gottesfreundschaft bezeichnet,
kann man die diese in unvollkommener Weise abbil-
dende Partnerschaft zweier Eheleute ebenfalls mit der
Kategorie der Freundschaft bezeichnen und sie – wie
es etwa schon Thomas von Aquin tat – sogar als eine
Art ‚größte Freundschaft' (Summa contra Gentiles
III, 123 n.6) bezeichnen. Orientiert an der aristoteli-
schen Freundschaftslehre wird dabei das Versprechen
der Dauer, der Exklusivität wie der Intimität zur Qua-
lifizierung einer besten Freundschaft von Ehepartnern
angeführt. Aber auch neben dieser besonderen Art
Freundschaft ehelicher Liebe vermag der Freundschaftsgedanke auch einen wertschätzenden Blick auf
weitere eheähnliche Partnerschafts- und neue Familienformen zu ermöglichen, die in der gewählten
Perspektive der Analogie der Liebe nun auch wahrnehmbar werden.

Die Ehe als besondere Art der Freundschaft. So mancher und manche wird fürchten, dass der religiöse
Grundwasserspiegel sich mit dieser auf Facebook-
Niveau beinahe zur Beliebigkeit verkommen zu sein
scheinenden Kategorie noch einmal mehr senkt und
verflacht. Aber tatsächlich ist das Gegenteil der Fall,
wenn ernst genommen wird, dass biblisch gerade
Gottes Selbsthingabe am Kreuz mit dem Freund-
schaftsgedanken erklärt wird (…weil es keine größe-

re Liebe gibt, wie wenn jemand sein Leben für seine Freunde hingibt; vgl. Joh 15,13) und seine Selbstmitteilung gerade darin gipfelt (insofern er uns Freunde genannt hat; vgl. Joh 15,15). Auch das II. Vatikanische Konzil erwähnte schon einmal die Bezeichnung ‚Freundschaft' (Gaudium et spes 49) innerhalb seines, das reine Vertragsdenken überwindenden Verständnisses der Ehe als ‚Bund'. Diese Entwicklung, die das bis vor fünfzig Jahre allein geltende ‚Vertragsdenken' in Hinblick auf die Ehe vertiefte, kann heute mit dem Freundschaftsverständnis in neuer Weise erschlossen werden. Wie sehr Freundschaft an der Zeit ist, unterstreichen die verschiedensten Jugend- und Wertestudien mit dem Hinweis auf die hohe Übereinstimmung der nachwachsenden Generation in der Sehnsucht nach ‚wahrer Freundschaft' und der ‚Liebe des Lebens' (welchen Trend die Sozialen Netzwerke sensibel aufnehmen). Wenn am diesjährigen Valentinstag wieder zahllose Paare ein Schloss auf einer Brücke festschließen, den Schlüssel ‚für immer' hinter sich werfen und durch einen Kuss besiegeln, legen sie Zeugnis ab für die Entwicklungsrichtung ihrer Freundschaft, die auf eine ‚beste Freundschaft' zielt, wie es auch Kardinal Woelki in einem Wort des Bischofs zum diesjährigen Valentinstag ausdrückt.

Freundschaft ist heilig! Und dies entfaltet über den gesamten Spannungsbogen: angefangen bei den Freundschaftserfahrungen von Kindern und Jugendlichen, den Freund- und Partnerschaften Erwachsener bis hin zur ehelichen Freundschaft. Vielleicht ist das einer der Schlüsselgedanken, nach denen Papst Franziskus zur Vorbereitung der Familiensynode 2015 fragt?!

(Der Gedankengang findet sich auch in 'Christ & Welt 7/2015, 6' und ausführlich in 'Holger. Dörnemann, Ehe und Familie. Lernorte des Glaubens, Würzburg 2014, 11-36.)

Traducción Española:
La amistad – un concepto central para el sínodo sobre la familia

El Papa Francisco le exige mucho a su Iglesia que esta preparando el sínodo para el próximo mes de octubre. Como lo relate ya en mi blog del 19/ 01/15, las doctrinas sobre el matrimonio y de la familia seran abordadas a partir de las« periferias existenciales », en el cuadro de una «cultura del encuentro ». En un cuestionario, enviado a todas la Iglesias locales, el tema es tratado en toda su amplitud , a través de 46 preguntas independientes. Cada detalle es tratado sistemáticamente, punto por punto, con mucha seriedad, y aprovechando la fiesta de la San Valentin, son también esbozados diferentes tipos de lazos amorosos en toda ligereza.

Los pequeños o grandes signos de amor, expresados con flores, candados de amor, mensajes de amor por carta o por Snapchat, dan por manifiesto que aun en los inicios amorosos esta ya presente lo que se describe en los tiempos bíblicos sobre el amor entre un hombre y una mujer, en analogía con el amor divino y humano (cf. Éphés 5:32). En el amor entre marido y mujer, se refleja el amor del Cristo por la humanidad y por su Iglesia, lo que se confirmo en el Concilio de Trente casi mil quinientos años mas tarde. De hoy en día, la idea de fondo puede ser tratada de manera mas profunda. En acorde con una tradición secular y a pesar de ello no plenamente acogida, que va se San Tomas de Aquino a Santa Teresa de Avila, etc, podemos hablar de « amistad con Dios » en lo que concierne nuestra relación con Dios, que es posible gracias al Cristo.

La unión entre esposos, aun si refleja esa amistad de manera imperfecta puede ser asignada a la categoría de la amistad, y hasta ser llamada de alguna manera « la mas grande de las amistades » como lo hacia ya San Tomas de Aquino por ejemplo . (Summa contra Gentiles III, 123 n.6) Si nos referimos a la teoría de la amistad según Aristoteles, la promesa de longevidad, de exclusividad y de intimidad la califican como la mejor de las amistades entre esposos. Es mas, aparte este tipo de amistad particular que es el amor conyugal, la idea de amistad también puede llevarnos a considerar otras formas de vida de pareja o estructuras familiares novedosas, que consideradas en la perspectiva de la analogía de amor que hemos citado precedentemente, se vuelven perceptibles.

El matrimonio- un tipo de amistad particular. Muchas personas temen que los criterios religiosos de base disminuyan y se banalicen una vez mas como resultado de una transformación de esta categoría en abstracción casi arbitraria en términos de Facebook. En efecto, el tema se presenta de manera muy diferente si tomamos en serio la idea, que, desde el punto de vista biblico, el sacrificio de Dios sobre la cruz puede ser explicado con la idea de amistad (..no hay amor mas grande que dar su vida por sus amigos ; cf Juan 15 :13) y que su manifestacion alcanza ahi su apogeo (en la medida en que él nos ha llamado sus amigos ; cf Juan 15 :15). El concilio del Vaticano II, llendo mas alla del concepto contractual del matrimonio como simple «alianza matrimonial », ha utilizado tambien el termino de « amistad» (Gaudium et spes, 49). Esta evolución, llendo mas alla de termino de « contrato » cuando se habla del matrimonio, concepto universalmente usado desde hace ya 50 años, puede revelarse de manera nueva gracias al concepto de la amistad. Los estudios mas diversos, sobre la juvendtud y los valores, resaltan la actualidad de la amistad, refiriendose al largo consenso de la joven genracion que siente nostalgia de la« amistad verdadera » et del « amor por la vida », tendencias que son retomadas en las redes sociales con gran sensibilidad . Cuando para el dia de San Valentin, numerosas parejas este año, cuelgan un candado de amor sobre los puentes para luego tirar la llave al rio bajo el puente y sellar su amor por un beso, atestiguan de su amistad cuyo destino es volverse « la mejor de las amistades ».

La amistad es sagrada. Y esto se aplica a todas las gamas de relaciones : desde las experiencias de amistad hechas entre niños y jovenes, las amistades y la vida en pareja de los adultos hasta la amistad conyugal. Tal vez tenemos ahi uno de los conceptos clave que el papa Francisco tiene en mente para la preparacion del sinodio sobre la familia en el 2015 ?!

(traducido por Paloma Zapata, Paris)

Traduction française:

L'Amitié – un concept-clé pour le synode sur la famille

Le Pape François exige beaucoup de son Église qui est en train de préparer le synode à venir en octobre prochain. Comme déjà décrit sur mon blog du 19/01/15, la doctrine du mariage et de la famille se révélera à partir des «périphéries existentielles» dans le cadre d'une «culture de rencontre et de partage». Dans un questionnaire, envoyé à toutes les Églises locales et comprenant 46 questions particulières, le sujet est pris en considération dans toute son ampleur.

Y sont repris tous les détails systématiquement, point par point et avec beaucoup de sérieux, et, à l'occasion de la Saint-Valentin, sont esquissés différents types de relations amoureuses en toute légèreté.

(Photo du Pont de l'Archevêché à Paris)

Les petits ou grands signes d'amour exprimés par des fleurs, un cadenas d'amour ou dans un message d'amour par lettre ou sur Snapchat, manifestent que même l'amour naissant contient déjà beaucoup de ce qui, dans les temps bibliques, était écrit sur l'amour entre homme et femme, en analogie avec l'amour divin et humain (cf. Éphés 5:32). Se reflète dans l'amour entre époux, l'amour du Christ pour l'humanité et son Église, ce qui, presqu'un millénaire et demi plus tard, était confirmé par le concile de Trente. De nos jours l'idée sous-jacente peut être élucidée plus en profondeur. En harmonie avec une tradition bien ancrée et pourtant pas pleinement accueillie, allant de Saint Augustin, Saint Thomas d'Aquin jusqu'à Sainte Thérèse d'Ávila, etc. nous pouvons parler d'«amitié avec Dieu» en ce qui concerne notre relation avec Dieu, rendue possible par le Christ. L'union des époux, même si elle reflète cette amitié de manière imparfaite seulement, peut alors également être attribuée à la catégorie de l'amitié, voire être nommée en quelque sorte «la plus grande des amitiés», comme le faisait déjà Saint Thomas d'Aquin par exemple. (Summa contra Gentiles III, 123 n.6). En référence à la théorie de l'amitié d'Aristote, la promesse de durée, d'exclusivité et d'intimité la qualifie comme la meilleure des amitiés entre époux. Pourtant, outre ce type d'amitié particulier qu'est l'amour conjugal, l'idée de l'amitié peut aussi nous rendre capable de regarder avec estime d'autres formes de vie en couple et en structures familiales nouvelles, qui, vues dans la perspective de l'analogie de l'amour précitée, deviennent, elles aussi, perceptibles.

Le mariage – un type d'amitié particulier. Nombre de personnes craindront que les références religieuses de base s'amoindrissent une fois de plus et deviennent encore plus banales, comme résultat d'une transformation de cette catégorie en abstraction quasiment arbitraire en termes de Facebook. En effet le sujet se présente tout différemment si l'on prend au sérieux l'idée que, du point de vue de la Bible, le sacrifice de Dieu sur la croix peut être expliqué par l'idée de l'amitié (... Il n'y a pas de plus grand amour que de donner sa vie pour ses amis; cf. Jean 15:13) et que sa manifestation y atteint son apogée (dans la mesure où il nous a appelés amis; cf. Jean 15:15). Le concile de Vatican II, dépassant le concept contractuel du mariage en tant que simple «alliance matrimoniale», a également déjà utilisé le terme de l'«amitié» (Gaudium et spes, 49). Cette évolution, allant au-delà du concept de «contrat» en ce qui concerne le mariage, concept universellement en vigueur il y a encore 50 ans, peut se révéler d'une manière nouvelle au moyen du concept de l'amitié. Les études les plus diverses, portant sur la jeunesse et les valeurs, soulignent l'actualité de l'amitié, renvoyant au large consensus de la jeune génération qui éprouve la nostalgie de la «vraie amitié» et de «l'amour de la vie», tendance que les réseaux sociaux reprennent avec une grande sensibilité. Lorsque, le jour de la Saint-Valentin cette année-ci, de nombreux couples, accrochant un cadenas d'amour sur des ponts, jettent «pour toujours» la clé dans la rivière qui coule sous le pont et scellent leur amour par un baiser, ils témoignent de

leur amitié visant à devenir «la meilleure des amitiés».

L'amitié – c'est sacré. Cela s'applique à toute la
gamme des relations: des expériences d'amitié faites
par les enfants et les jeunes, les amitiés et la vie en
couple des adultes jusqu'à l'amitié conjugale. Est-ce
là peut-être un des concepts-clé que le Pape François
a à l'esprit pour la préparation du synode sur la famille de 2015?!

(traduit par Adelheid Moos, Mannheim)

English Translation:
Friendship– a key idea for the 2015 family synod

Pope Francis is quite demanding upon his church
which is in preparation for the upcoming family synod in October of this year. As outlined in my Blog
from 19 January 2015, the doctrine of marriage and
family is to be approached from 'life's periphery' in a
'culture of encounter'. In a questionnaire once again
sent to all local churches, the spectrum of the theme
is examined by means of 46 separate questions. Eve-
rything is systematically pondered item by item in all
seriousness, and various kinds of love relationships
peculiar to Valentis's Day are touched upon quite
easily.

Small or big signs of love expressed with flowers , with a love padlock or with love messages via letter or snap-chat communicate very clearly that even a budding love-relationship contains a lot of what was written, in biblical times, about the love between man and woman as corresponding to divine and human love (cf. Eph 5:32).

The love between marriage partners mirrors Christ's love for mankind and his church, which was affirmed by the Council of Trent about fifteen hundred years later. The underlying idea can be fathomed more deeply nowadays. For if we name - in accordance with a broad, yet not fully received line of tradition by Augustine, Thomas of Aquino, Teresa of Ávila, etc - our relationship to God, made possible by Christ, 'friendship with God', the partnership between husband and wife, however imperfectly it may reflect this friendship, can also be described with the category of friendship and even called, as e.g. Thomas of Aquino already did , some kind of 'biggest friendship' (Summa contra Gentiles III,123 n.6).

Based on the Aristotelean idea of friendship, the promise of perpetuity, exclusiveness and intimacy is cited as a qualification of the 'best friendship' between marriage partners. Apart from this special kind of friendship of marital love, the idea of friendship enables us to look with favour upon further forms of cohabitation and new family structures, which have become visible from the aforementioned perspective of the analogy of love.

Marriage – a special kind of friendship. Many a person may fear that the standards of religious beliefs are about to be lowered once again and become more trivial, as a result of this category that seems to have turned into an arbitrary abstraction on Facebook-level.

The opposite is the case if we take seriously the thought that, from a biblical perspective, God's self-sacrifice on the cross can be explained by the idea of friendship; because "Greater love has no one than this, that one lay down his life for his friends" (cf. Jn 15:13) and that his self-revelation culminates in it, in so far as "I have called you friends" (cf. Jn 15:15).

The Second Vatican Council, overcoming the contractual concept of marriage as a mere 'matrimonial covenant', also used the expression 'friendship' (Gaudium et spes, 49). This development, transcending the contractarianism vis-a-vis marriage, which had been universal until 50 years ago, can now be made accessible in a new way by means of the concept of friendship.

Various youth and value studies underline the up-to-dateness of friendship with reference to the high degree of consensus among the younger generation on their desire for 'real friendship' and the 'love of my life', a trend that is embraced sensitively by social networks.

Numerous couples that lock love padlocks to a bridge on this year's Valentines day, flick the key over their shoulder 'for ever', and seal their love with a kiss give testimony of their friendship aiming at becoming the 'best friendship'.

Friendship is sacred! This applies to the whole range of relationships: from the experiences of friendship among children and teenagers, to friendships and partnerships of adults, to marital friendships. Might this be one of the key ideas Pope Francis has in mind in preparation for the 2015 family synod?!

(translated by Frank Seiler, Olfen)

Traduzione italiano
L'amicizia– un concetto chiave per il Sinodo sulla famiglia 2015

Papa Francesco si aspetta tanto dalla sua Chiesa in relazione alla preparazione al Sinodo sulla famiglia, in programma per l'ottobre di quest'anno. In una "cultura dell'incontro" è necessario che a partire dalle "periferie esistenziali" si ricavi la dottrina su matrimonio e famiglia. Un questionario inviato alle Chiese locali sviluppa questo tema di riflessione in 46 domande. Ciò su cui in esso si riflette in modo sistematico, punto per punto, con grande serietà, è quello che risuona in tutta semplicità nelle storie d'amore più diverse nel giorno di San Valentino.

Non importa se con un fiore, con un lucchetto o con una dichiarazione d'amore per lettera o in chat, nei piccoli o grandi gesti d'amore, risulta sempre evidente che, già allo sbocciare dell'amore, si ritrovano molti di quegli aspetti che nella Bibbia stessa paragonano l'amore tra uomo e donna al rapporto d'amore tra Dio e l'uomo (cfr. Ef. 5,32). Nell'amore condiviso tra marito e moglie, come ha affermato anche il Concilio di Trento un millennio e mezzo dopo, si riflette l'amore di Cristo per gli uomini e le donne e per la sua Chiesa. Questa è la riflessione di base, ed è necessario approfondire ancor di più nel nostro tempo. Infatti, quando il rapporto con Dio, reso possibile da Cristo (in sintonia con una tradizione abbastanza ampia ma non del tutto accettata che passa attraverso Agostino, Tommaso d'Aquino, Teresa d'Avila ecc.), viene definito come amicizia divina, è possibile descrivere la relazione costruita in modo imperfetto tra due persone sposate con la categoria dell'amicizia, indicandola, come ha fatto in un certo senso anche Tommaso d'Aquino, persino come la forma di "amicizia più elevata" (Summa contra Gentiles III, 123

113

n.6). Sulla base degli insegnamenti aristotelici sull'amicizia, la promessa di durevolezza, di esclusività, così come di intimità, viene introdotta come elemento caratterizzante di una forma d'amicizia migliore tra marito e moglie. Ma anche accanto a questo particolare tipo di amicizia che caratterizza l'amore all'interno del matrimonio, la riflessione sull'amicizia consente di guardare con stima anche alla realizzazione di altre forme di coppia e di famiglie simili al matrimonio, che nella prospettiva d'analisi di analogia dell'amore che si è scelto di seguire diventano ora percettibili.

Il matrimonio come forma particolare d'amicizia. Molti potranno temere che il livello religioso di base con questa categoria che a livello Facebook sembra essersi deteriorata diventando quasi arbitrarietà, si riduca e si appiattisca sempre più. E invece si rivela di essere esattamente il contrario, se si assume seriamente che biblicamente il sacrificio di Dio sulla croce si dichiara con la riflessione sull'amicizia (...infatti nessuno ha amore più grande di questo: dare la vita per i propri amici; cfr. Giovanni 15,13) e si concretizza nella Sua venuta (proprio per questo ci ha chiamato amici; cfr Giovanni 15,15). Anche il Concilio Vaticano II ha menzionato già una volta il concetto di "amicizia" (Gaudium et spes, 49) all'interno della sua comprensione del matrimonio come "legame" che supera il mero contrattualismo. Questo sviluppo, che approfondiva il "contrattualismo" ritenuto fino a 50 anni fa l'unico fattore valido in relazione al matrimonio, oggi può essere svelato insieme alla comprensione del valore dell'amicizia in un nuovo modo. L'importanza del tema dell'amicizia in questo momento storico emerge dai numerosi studi sull a gioventù e sui valori, e in particolare dal sentimento di mancanza di "amicizia vera" e "amore per la vita" condiviso dalle nuove generazioni (trend ripreso sensibilmente dai social network). Quando il giorno di San Valentino di quest'anno innumerevoli coppie hanno legato un lucchetto ad un ponte, buttandosi la chiave del "per sempre" alle spalle e sancendo questo gesto con un bacio, hanno dato testimonianza della direzione di sviluppo della loro amicizia, che punta ad essere una "amicizia migliore".

L'amicizia è sacra! Questo è il messaggio principale che emerge dall'intero questionario: partendo dall'esperienza dell'amicizia che fanno i bambini e i giovani, passando per le esperienze di amicizia e di relazione degli adulti fino all'amicizia tra marito e moglie. È forse questa una delle riflessioni chiavi su cui Papa Francesco chiede di incentrare la preparazione al Sinodo sulle famiglie 2015?!

(tradotto da Cecilia Sanna, Heidelberg)

„Ich wünsche mir hier noch tiefergehende theologische Debatten" oder: „Das ist die Zeit der Barmherzigkeit!"

„Ich wünsche mir hier noch tiefergehende theologische Debatten", sagte Bischof Heiner Koch am 25.2.15 in einem Doppelinterview mit Bischof Franz-Josef Bode gegenüber dem Internetportal der katholischen Kirche in Deutschland katholisch.de zu seinen Erwartungen an die diesjährige Familiensynode. Familienbischof Koch wie der Vorsitzende der Pastoralkommission waren zuvor neben dem Vorsitzenden der Deutschen Bischofskonferenz Reinhard Kardinal Marx auf der Frühjahrsvollversammlung als Delegierte der deutschen Bischöfe gewählt worden – und als deren Stellvertreter im Krankheit- oder Verhinderungsfall der Vorsitzende der Jugendkommission, Bischof Karl-Heinz Wiesemann, und der stv. Vorsitzende der Kommission Ehe und Familie, Weihbischof Wilfried Bernhard Theising aus Münster.

Seit dem Beschluss des Ständigen Rates der Deutschen Bischofskonferenz vom 27.1.2015 sich in allen 27 Diözesen an dem Fragebogen zur Vorbereitung der Familiensynode im Oktober zu beteiligen, sind alle Teilkirchen Deutschlands – so gut es jeweils vor Ort möglich gewesen ist – mit ihren diözesanen Gremien und Verbänden mit den 46 Einzelfragen beschäftigt und praktizieren damit ganz selbstverständlich, was Papst Franziskus sich für die ganze Kirche wünscht: Angstfrei und engagiert zu kommunizieren und an die 'existentiellen Peripherien' des Lebens zu gehen, um von dort her das Evangelium der Familie zu erschließen, wie zuletzt am 14.2.2015 in diesem Blog beschrieben.

Diese neu gewonnene Freiheit, dass um theologische Fragen vor Ort gerungen und debattiert wird und auch die Freiheit des Wortes gilt, erlebte ich selbst in fünf Begleitveranstaltungen in den vergangenen Wochen am eigenen Leibe – und spürte mit Bewegung und Dankbarkeit, dass an der Basis die von Papst Franziskus auf den Weg gebrachte ‚Kirche im Aufbruch' (EG 46), die die Auseinandersetzung mit den Fragen der Zeit, die Verheutigung und Vertiefung der Lehre nicht scheut, lebendig ist. Und die diözesanweiten Befragungen, die in diesen Tagen in jedem Bistum ausgewertet werden, fördern sicher Gedanken zu Tage, die die Kirche braucht, um mutig und gemeinsam weiter voranzuschreiten. Vielleicht ergeben sie auch neue Impulse zu einer Argumentation der deutschen Bischöfe hinsichtlich der schwierigen Frage hinsichtlich der Möglichkeit der Zulassung von wiederverheiratet Geschiedenen zu den Sakramenten. Den von den deutschen Bischöfen hierzu herangezogenen 'Schlüsselgedanken' der ‚Analogie' hatte ich in diesem Blog neben der ‚Gradualität' am 19.1.2015 bereits beschrieben und am 14.2.15 den ‚Freund-schaftsbegriff' ergänzt.

Die eigentliche pastorale Problemanzeige – noch bevor man einen 'Schlüsselgedanken' zur ‚Lösung' anwendet – wird durch den Vergleich zweier, nur wenige Seiten voneinander entfernt stehender Sätze in den ‚Überlegungen der Deutschen Bischofskonfe-renz zur Vorbereitung der Bischofssynode' mit dem Titel ‚Theologische verantwortbare und pastoral angemessene Wege zur Begleitung wiederverheiratet Geschiedener' (Arbeitshilfe 273 des Sekretariates der Deutschen Bischofskonferenz) in ihrer Dringlichkeit unabweisbar: Einigkeit herrscht unter den Bischöfen – wider den Anschein einiger Pressemeldungen – hinsichtlich der Beschreibung des Wesenselements der Unauflöslichkeit der Ehe.

„Die Pastoral für Gläubige, deren Ehe gescheitert ist und die zivil geschieden und wiederverheiratet sind, darf bei allem Verständnis für die schwierige Situati-on, in der sie leben, das Zeugnis der Kirche für die Unauflöslichkeit der Ehe nicht verdunkeln und in der Öffentlichkeit keine Missverständnisse hinsichtlich der kirchlichen Lehre hervorrufen." (AH 273, 53)

Dies unterstrichen, wird aber in dem folgenden Satz das ausnahmslose Festhalten an dieser Praxis beinahe mit demselben Wortlaut als 'Verdunkelung' eines noch höheren Wertes gesehen:

118

„Jedenfalls ist in der gegenwärtigen Situation festzustellen, dass die in Familiaris consortio (Nr. 84) geäußerte Sorge, dass die Zulassung zur Eucharistie von wiederverheiratet Geschiedenen bei den Gläubigen hinsichtlich der Lehre der Kirche über die Unauflöslichkeit der Ehe Irrtum und Verwirrung bewirkt, in eine umgekehrte Richtung gegangen ist: Die Nichtzulassung wird als Verdunkelung des Zeugnisses der Verkündigung der Barmherzigkeit gesehen." (AH 273, 60)

Mit welchen der genannten oder weiterer guter ‚Schlüsselgedanken' man an dieser Stelle weiterkommt, die ‚göttliche Pädagogik' (s. Relatio Synodi Nr. 13) in die heutige Zeit zu tragen, ist die Frage, mit welcher auch viele andere zentrale Fragen verbunden sind und mit bewegt werden. Dass die gesamte Kirche hier nach bestem Wissen und Gewissen ringt, ist das Wünschenswerteste aber auch das Notwendigste, was einer ‚Kirche im Aufbruch' (EG 46) gerade geschehen kann. Und man muss nicht mit der Gabe prophetischer Rede begabt sein, um auch für die Zeit nach der diesjährigen Bischofssynode vorauszusagen, dass auch dann die nicht nur von den deutschen Bischöfen eingebrachte Erwägung einer unter ganz bestimmten Umständen möglichen Zulassung wiederverheiratet Geschiedener zu den Sakramenten nicht – auch nicht rückblickend – als ‚Häresie' bezeichnet wird (wie es das in Österreich ansässige, private Internetmagazin kath.net in einer

Meldung vom 2.2.2015 Kardinal Josef Cordes gegenüber Walter Kardinal Kasper in den Mund legt). Polarisierende, unter Druck setzende und tendenziöse Berichterstattungen – wie sie Bischof Stephan Oster unlängst kennzeichnete – können zwar das Erscheinungsbild der Kirche nach innen und außen trüben, aber die von Papst Franziskus garantierte ‚Freiheit, die es in der Kirche gibt' und die Aufforderung, den synodalen Prozess um der Verheutigung der Kirche und des Evangelium willen weiterzuführen, weder verhindern, noch aufhalten, noch grundlegend schwächen.

Nicht selten fühlte ich mich – u.a. auch bei der Lektüre einiger anlässlich des zweiten Jahrestages der Wahl von Papst Franziskus publizierter Zeitungsberichte – an eine Predigt am Silvestertag 2014 von Papst Franziskus erinnert, in welcher er nachdenklich ins Wort brachte,

"dass es für den Herrn einfacher gewesen ist, Israel aus Ägypten herauszunehmen, als Ägypten aus den Herzen der Israeliten."

Dabei ist gerade dies das Evangelium, die frohe Botschaft für unsere Zeit: Den Menschen zu verkünden, "dass dies die Zeit der Barmherzigkeit ist", wie es Papst Franziskus am 28.7.2013 auf dem Rückflug vom Weltjugendtag in Brasilien ausdrückte. "Das ist die Zeit der Barmherzigkeit", sagte er auch am zweiten Jahrestag seiner Papstwahl, an dem er völlig überraschend ein Heiliges Jahr der Barmherzigkeit, beginnend am 8.12.2015, dem 50. Jahrestag des Abschlusses des II. Vatikanischen Konzils, ausgerufen hat. Wie diese Barmherzigkeit konkret in die heute Zeit zu übersetzen ist, welche Konsequenzen sie für die Lehre und die Pastoral der Kirche und für die ‚Mission der Familie in der gegenwärtigen Zeit' hat, dass sie weit mehr ist als ‚bloßes Gutmenschentum', ein ‚Schlupfloch', eine ‚billige Gnade', darum wird es auf der XIV. Ordentlichen Bischofssynode vom 4.-25.10.2015 in Rom gehen. Und es heißt neu die "Türen und Fenster zu öffnen, um nahe bei den Menschen zu sein", wie es Rainer Kardinal Woelki aus Anlass des zweiten Jahrestages der Papstwahl in seinem 'Wort des Bischofs – Aggiornamento subito!' am 17.3.2015 ins Wort brachte.

Wir dürfen gespannt sein, welche von den Ergebnissen des synodalen Prozesses, die in diesen Tagen in den Diözesen oder den überdiözesanen Verbänden und Gremien Deutschlands veröffentlicht werden, Impulse für die Lehre und die Pastoral der Kirche in der Welt geben werden, einer Kirche, die nahe an den Nöten der Menschen von heute ist!
Ausführlichere Umfrageergebnisse sind vom Zentralkomitee der Deutschen Katholiken, den Bistümern Essen und Münster und den Erzbistümern Köln und München-Freising veröffentlicht worden.

Der Beitrag vom 19.4.2015 widmet sich den der Frage der Lehrentwicklung und den unterschiedlichen Veröffentlichungen der Rückmeldungen der Diözesen und überdiözesanen Verbände und Gremien zur Vorbereitung der Familiensynode 2015!

Wie sich die Lehre verändert hat – und welche Anstöße sich aus den Rückmeldungen aus Deutschland für die Familiensynode ergeben

Ursprünglich war die XIV. Ordentliche Bischofssynode dieses Jahres zur Behandlung von anthropologischen, bioethischen Fragen vorgesehen gewesen. Und wir wissen heute, dass Papst Franziskus – genauso wie sein Vorvorgänger Papst Johannes Paul II. vor 35 Jahren – den Themenkomplex ‚Ehe und Familie‘ als ersten Synodenschwerpunkt seines Pontifikates (verteilt gleich auf zwei Bischofssynoden in den Jahren 2014 und 2015) vorgezogen hat, weil er die "Herausforderungen der Familien" in der modernen Welt in den Blick nehmen will, um „über die entscheidende und wertvolle Realität der Familie nachzudenken" (Relatio Synodi 3) und „an ihren Freuden, ihren Sorgen und ihren Hoffnungen teilzunehmen." (vgl. Einleitung des I. Teils des Fragebogens)

Die bleibend hohe Bedeutung von Ehe und Familie ist beinahe allen Pontifikaten in den vergangenen 100 Jahren abzulesen – zuweilen in Kontinuität, zuweilen in einer signifikanten Weiterführung und Vertiefung der bisherigen Lehrtradition.

(Die Päpste Pius XI., Pius XII., Paul VI., Johannes Paul II. und Papst Franziskus)

Welche Akzentsetzung zu einer „vertieften Lehre über Ehe und Familie" seit dem unter Papst Paul VI. zu Ende geführten II. Vatikanischen Konzil festzustellen sind, behandeln die Ziffern 17 – 19 des Synodendokumentes Relatio Synodi.

Greift man zeitlich etwas weiter aus, lassen sich neben dem Grundsatz der Kontinuität in der Lehrtradition auch größere Veränderungen ausmachen, die wichtig sind, um die Aussage des im Vorwort des Instrumentum laboris der III. Außerordentlichen Bischofssynode des Jahres 2014, dass „die apostolische Überlieferung in der Kirche unter dem Beistand des Heiligen Geistes einen Fortschritt kennt" (DV 8), in rechter Weise einordnen zu können. Das kann anhand einiger Beispiele verdeutlicht werden: Schloss Papst Pius XI. in seiner Enzyklika ‚Casti connubii' (1930) selbst die natürlichen Methoden der Empfängnisregelung noch aus, finden sich diese erstmals wertschätzend in der berühmten Rede Papst Pius XII. an die Hebammen (1951) ausdrücklich benannt – in welcher Argumentation bereits die Gedanken zur verantworteten Elternschaft des II. Vatikanischen Konzil angedeutet sind. Einen nicht minder großen Wechsel in der Lehrtradition gab es, als Papst Johannes Paul II. in einer Katechese des Jahres 1982 die Lehre daraufhin veränderte, dass die Ehe gegenüber der Ehelosigkeit nicht minderwertig sei, sondern ein der Ehelosigkeit ebenso hohes Gut im göttlichen Schöpfungsplan, wie er es dann in seiner Familienenzyklika weiter entfaltet (Vgl. FC 11). Dieser, die Lehre vertiefende Gedanke ist insofern spektakulär gewesen, als noch Papst Pius XII. in seiner Enzyklika "Sacra Virginitas" von 1954 erklärte, dass die Ehelosigkeit die Ehe „unermesslich übersteigt" (DH 3911) – in Erinnerung an die Lehraussage des Trienter Konzils über das Sakrament der Ehe, das noch ausdrücklich sagte: "Wer sagt, [...] es sei nicht besser und seliger, in der Jungfräulichkeit und dem Zölibat zu bleiben, als sich in der Ehe zu verbinden (vgl. Mt 19,11f; 1 Kor 7,25f 38 40): der sei mit dem Anathema belegt." (DH 1810)

Noch bekannter als diese beiden Beispiele ist die Vertiefung des Sakramentsverständnisses der Ehe als ‚Bund' (foedus; vgl. GS 48) und Freundschaft (amicitia; vgl. GS 49) in der Pastoralkonstitution "Gaudium et spes", mit der anknüpfend an biblische und theologische Vorlagen das davor mehr juridisch pointierende Vertragsdenken eine deutliche Vertiefung erfahren hat. Dass diese Veränderungen und deren vorherige Abwägung und Thematisierung keine bloße "Anpassung an den Zeit" bedeuten – sondern als Verweisstellen einer im Nachhinein notwendigen und glücklichen Lehr- und Dogmenentwicklung gewertet werden dürfen, an der immer auch der Sensus fidelium aller Gläubigen beteiligt ist –, muss auch dem derzeitigen synodalen Prozess zugesprochen werden, zu dem Papst Franziskus alle Teilkirchen in Freiheit und Parrhesia eingeladen hat. Dem Abschlussdokument der III. Außerordentlichen Bischofssynode des vergangenen Jahres wurde deshalb ein 46 Fragen umfassender Fragebogen beigelegt, der in einer gebündelten Zusammenfassung der Rückmeldungen von Seiten der Deutschen Bischofskonferenz zum 15.4.2015 mit den Eingaben aller Teilkirchen der Welt nach Rom zurückgesandt worden ist.

Einige Diözesen Deutschlands, das Zentralkomitee der Deutschen Katholiken und einzelne Verbände und Vereine haben Ihre auf die einzelnen Ziffern der Relatio bezogenen, detaillierten Rückmeldungen auch veröffentlicht, in der ein sehr engagiertes und konstruktives Mitdenken – entsprechend dem ausdrücklichen Wunsch des Papstes sich textbezogen an dem synodalen Prozess zu beteiligen – zum Ausdruck kommt. Trotz einer ebenso deutlichen Kritik an der sehr voraussetzungsreichen und z.T. als unverständlich bezeichneten Sprache des Fragebogens, sind viele bemerkenswerte Gedanken zusammengetragen worden, die über die Rückmeldung der Deutschen Bischofskonferenz ggf. in das vorbereitende Synodendokument ‚Instrumentum laboris‘ des Jahres 2015 Eingang finden werden. Der bereits auf der letztjährigen Synode diskutierte (und auch in diesem Blog zuletzt am 19.1.2015 vorgestellte) Gedanke der ‚Gradualität‘ wird von Seiten des Zentralkomitees der Deutschen Katholiken bei der Beantwortung der Fragen 20-22 zur Begründung der verschiedenen Stufen der Verwirklichung von Ehe und Partnerschaft in der heutigen Zeit favorisiert. In der Zusammenschau des Bistums Münster wird zur Frage 8 nach den Anknüpfungspunkten der Ehelehre in der Lebenswelt Jugendlicher der auch in diesem Blog vorgestellte Gedanke der Freundschaft ausgearbeitet – mit dem ihm eigenen Vorzug der Kennzeichnung des in der Gottesfreundschaft gründenden Ehegeheimnisses wie der Offenheit für die wertschätzenden Bezugnahme auf weitere Freundschaftsformen neben der Ehe. In der im Erzbistum Köln erarbeiteten Rückmeldung ist sicher der Hinweis wertvoll – ausgehend von der durchgängigen Frageperspektive des Fragenkataloges –, dass die römische Fragerichtung und Perspektive noch zu sehr vom Ehe- und Familienideal ausgehend die Wirklichkeit zu erfassen versucht hat – paradoxerweise darin nolens volens gegensätzlich zu der Sinnrichtung des eigentlich zu bearbeitenden Dokumentes der Relatio Synodi, die ja von den "existentiellen Peripherien" (vgl. Einleitung des I. Teils des Fragebogens) ausgehend Ehe und Familie in den Blick nehmen möchte. Der Rückmeldung des Erzbistums München und Freising ist – im Verbund mit allen anderen veröffentlichten Rückmeldungen der deutschen Diözesen – in einer der mit am häufigsten beantworteten Frage Nummer 35 das Plädoyer für die vertiefte Erwägung von Möglichkeiten der Wiederzulassung von wiederverheiratet Geschiedenen zu den Sakramenten zu entnehmen; der Rückmeldung der 'KirchenVolksBewegung Wir sind Kirche!' u.a. die Hinweise auf eine vertiefte Auseinandersetzung mit dem biblischen Verständnis der 'Unauflöslichkeit' und die – ebenfalls von den Diözesen Deutschlands in der übergroßen Mehrheit gewünschte – verstärkte Wertschätzung von Homosexualität, auch wenn sie in einer Partnerschaft gelebt wird, für deren Segnung im Bistum Essen ein eigener Ritus vorgeschlagen wird. Allen – auch den nur in Kurzstatements an die Öffentlichkeit getretenen – Diözesen und überdiözesanen Verbänden gemeinsam ist auch das Votum für eine neu ansetzende Sexualpädagogik und -moral gerade in Hinblick auf das Thema Empfängnisregelung und voreheliche Partnerschaften, da sich die Voraussetzungen für die theologische Argumentation und die Lebenswelt der Menschen von heute seit 1968 radikal gewandelt haben. Die verbleibenden, knapp sechs Monate bis Synodenbeginn werden ausreichen müssen, aber auch nötig sein, die Einzelthemen in den Blick zu nehmen sowie die wirklich vertiefenden Schlüsselgedanken für die Synode dieses Jahres zu identifizieren. Vielleicht enthalten die Rückmeldungen aus Deutschland oder anderer Länder einige der zukunftsweisenden Ideen, die man rückblickend auch als eine Vertiefung der Lehre von Ehe und Familie wahrnehmen werden wird, die sich die gesamte Weltkirche von der diesjährigen Bischofssynode erhofft.

Die am 11.4.2015 veröffentlichte Verküdigungsbulle ‚Misericordiae vultus‘ zur Ankündigung des Heiligen Jahres der Barmherzigkeit macht unbeschadet des bisherigen und noch kommenden Synodenverlaufes schon eine unabweisbare Veränderung, ja Vertiefung der Lehre um Ehe und Familie auf die Mitte des Evangeliums hin deutlich. Papst Franziskus wünscht sich eine „Kirche, die aus sich herausgeht" (vgl. Einleitung des I. Teils des Fragebogens), und

„Fdass die kommenden Jahre durchdrängt sein mögen von der Barmherzigkeit und dass wir auf alle Menschen zugehen und ihren die Güte und Zärtlichkeit Gottes bringen! Alle, Glaubende und Fernstehende, mögen das Salböl der Barmherzigkeit erfahren, als Zeichen des Reiches Gottes, das schon unter uns gegenwärtig ist. [...] Diese Quelle kann niemals versiegen, seien es auch noch so viele, die zu ihr kommen. Wann immer jemand das Bedürfnis verspürt, kann er sich ihr nähern, denn die Barmherzigkeit Gottes ist ohne Ende. So groß und so unergründlich ist die Tiefe des Geheimnisses, das sie umfängt, so groß und so unergründlich der Reichtum, der aus ihr hervorquillt." (Misericordiae vultus 5; 25)

Das ist kein Chaos – allenfalls vergleichbar dem von Ulrich Beck und Elisabeth Beck-Gernsheim so benannten ‚ganz normalen Chaos der Liebe' –, sondern die Annäherung an die Mitte unseres Evangeliums. „Jesus Christus kann auch die langweiligen Schablonen durchbrechen, in denen wir uns anmaßen, ihn gefangen zu halten, und überrascht uns mit seiner beständigen göttlichen Kreativität" (EG 11), indem er "über das Gesetz hinaus[geht]" (Misericordiae vultus 20). Wer es fassen kann, der fasse es:

"Christus ist das Ende des Gesetzes, und jeder, der an ihn glaubt, wird gerecht" (Röm 10,3-4). Diese Gerechtigkeit Gottes ist die Barmherzigkeit, die allen als Gnade geschenkt wird kraft des Todes und der Auferstehung Jesu Christi. Das Kreuz ist also das Urteil Gottes über uns alle und die Welt, denn es schenkt uns die Gewissheit der Liebe und des neuen Lebens." (Misericordiae vultus 21)

'Barmherzig wie der Vater' – oder der Weg ist das Ziel, das Problem die Lösung

Zwei Züge, die mit hoher Geschwindigkeit aufeinander zurollen, war eines der Sprachbilder für konfrontative Lagerbildungen in den Teilkirchen und auf weltkirchlicher Ebene, das ich in den vergangenen Wochen öfters hörte, als wenn ein heftiger Zusammenstoß unversöhnlich gegensätzlicher Positionen auf der XIV. Ordentlichen Bischofssynode im Oktober dieses Jahres aufgrund der Sprengkraft einzelner Themen und Grundsatzfragen unvermeidlich wäre. Ein möglicher Eklat in der Größenordnung eines Schismas wurde bereits schon im vergangenen Jahr kurz nach der Außerordentlichen Bischofssynode im

Jahr 2014 als Horrorszenario an die Wand gemalt, wie ein Schisma auch jetzt wieder in nicht wenig polemischer Weise skandalisiert wird. Und auch persönlich spürte ich eine über die vergangenen Monate zunehmende Beklemmung, dass die Zeit für eine die Tiefen der anstehenden Themen im Licht der Zeichen der Zeit auslotende Verheutigung vielleicht noch nicht reif und mit der ablaufenden Frist bis zur Synode auch zu Ende gehen könnte. Anzeichen für die innerkirchlich angespannte Lage sind sicher auch die erhitzten bzw. angeheizten Diskussionen über die Rückmeldungen auf den römischen Fragebogen in den deutschen Bistümern, derjenigen der Deutschen Bischofskonferenz vom 20.4.2015 wie die am 9.5.15 veröffentlichte 'Erklärung des Zentralkomitees der deutschen Katholiken anlässlich der XIV. Ordentlichen Generalversammlung der Bischofssynode'. Und mitten in diese gespannte Ausgangslage hinein konfrontiert Papst Franziskus alle auf die Synode starrenden Parteiungen, Akteure, Gläubige wie fernstehende Beobachter mit einer neuen Perspektive, indem er mit der Ausrufung eines ‚Jubeljahres der Barmherzigkeit' – beginnend am 50. Jahrestag der Beendigung des II. Vatikanischen Konzils am 8.12.2015 – nicht nur zeitlich weit über die Synode und die Diskussion von Einzelthemen hinausgeht:

(Das offizielle Logo des Heiligen Jahres zeigt Jesus mit dem verlorenen Menschen auf den Schultern / Bild: © 2015 KNA)

Allein 175 Mal kommen die Begriffe ‚Erbarmen' und ‚barmherzig' ohne Mitzählung synonymer Wortbedeutungen in der Verkündigungsbulle des Heiligen Jahres ‚Antlitz der Barmherzigkeit' (Misericordiae vultus) vor. In diesem nur ca. 20 gedruckte DIN A4-Seiten umfassenden Schreiben knüpft Papst Franziskus bewusst an die im vergangenen Blog-Beitrag angesprochene Lehrentwicklung an, die auf dem II. Vatikanischen Konzil dazu führte, dass „Mauern, die die Kirche lange in einer privilegierten Festung eingeschlossen hatten, [...] eingerissen" (MV 4) wurden. Die Worte Papst Pauls VI. zum Abschluss des Konzils, dass die uralte Erzählung vom barmherzigen Samariter [...] zum Paradigma dieses Konzils" geworden sei, greift Papst Franziskus direkt im ersten Satz des Ankündigungsschreibens auf: „Jesus Christus ist das Antlitz der Barmherzigkeit" (MV 1); ein Geheimnis, das „es stets neu zu betrachten" gilt (MV 2).

„Barmherzigkeit – in diesem Wort offenbart sich das Geheimnis der Allerheiligsten Dreifaltigkeit. Barmherzigkeit ist der letzte Grund und endgültige Akt, mit dem Gott uns entgegentritt. Barmherzigkeit ist das grundlegende Gesetz, das im Herzen eines jeden Menschen ruht und den Blick bestimmt, wen er aufrichtig auf den Bruder und die Schwester schaut, die ihm auf dem Weg des Lebens begegnen. [...] Die Barmherzigkeit übersteigt stets das Maß der Sünde, und niemand kann der verzeihenden Liebe Gottes Grenzen setzen." (MV 2-3)

In diesen und weiteren zuvor zitierten Wendungen ruft Papst Franziskus der eigenen Kirche zu:

„Wie sehr wünsche ich mir, dass die kommenden Jahre durchdrängt sein mögen von der Barmherzigkeit und dass wir auf alle Menschen zugehen und ihnen die Güte und Zärtlichkeit Gottes bringen! Alle, Glaubende und Fernstehende, mögen das Salböl der Barmherzigkeit erfahren, als Zeichen des Reiches Gottes, das schon unter uns gegenwärtig ist."(MV 5)

Für Franziskus ist die Barmherzigkeit der „Tragebalken, der das Leben der Kirche stützt [...]. Ihr gesamtes Handeln sollte umgeben sein von der Zärtlichkeit mit der sie sich an die Gläubigen wendet" (MV 10), um dann selbstkritisch anzufragen:

„Vielleicht haben wir es für lange Zeit vergessen, auf den Weg der Barmherzigkeit hinzuweisen und ihn zu gehen. Auf der einen Seite hat die Versuchung, stets und allein die Gerechtigkeit zu fordern, uns vergessen lassen, dass diese nur der erste Schritt ist. Dieser Schritt ist zwar notwendig und unerlässlich, aber die Kirche muss darüber hinausgehen um eines höheren und bedeutungsvolleren Zieles willen." (MV 10)

Und wenn man diese Worte auf sich wirken lässt, findet man die zuweilen in plakativer Weise schlecht gemachte Eingabe der deutschen Bischöfe zu pastoral verantworteten Wegen der Begleitung von wiederverheiratet Geschiedenen von derselben Begründung getragen. Wie schon ausführlicher in meinem Blog-Beitrag vom 19.3.15 beschrieben, heißt es in dem von den deutschen Bischöfen mit über Zweidrittelmehrheit verabschiedeten Erklärung zur Vorbereitung der Bischofssynode, dass es

"in der gegenwärtigen Situation festzustellen [ist], dass die [...] geäußerte Sorge, dass die Zulassung zur Eucharistie von wiederverheiratet Geschiedenen bei den Gläubigen hinsichtlich der Lehre der Kirche über die Unauflöslichkeit der Ehe Irrtum und Verwirrung bewirkt, in eine umgekehrte Richtung gegangen ist: Die Nichtzulassung wird als Verdunkelung des

Zeugnisses der Verkündigung der Barmherzigkeit gesehen." (Ebd. bzw. AH 273 , 60)

Mit dem Fokus auf der Barmherzigkeit sind wir nicht irgendeiner Weise in einem Strudel oder Sog eines gefühlten Chaos – welcher Eindruck einem Philosophen in dem gerade erschienenen Herder-Korrespondenz-Spezial 1-2015 entstanden ist – und vielleicht auch entstehen muss, wenn die (theologische) Logik der Liebe Gottes jedes philosophische Denkmuster überschreitet, sondern am Kern des Evangeliums Jesu Christi. Und das ist zugleich das eigentlich Berührende, Herausragende und Beruhigende angesichts der diesjährigen Bischofssynode. Im Grunde ist es beinahe gar nicht so entscheidend, welche Argumentationslinie und theologische Denkform zur wertschätzenden Anerkennung familialer Wirklichkeit in der Welt von heute auf dieser Synode Gewicht erhält und rezipiert wird: die große theologische Denkform der Analogie, der aus dem moraltheologischen Kontext entlehnte Gedanke der Gradualität oder die vorsichtigere Rede von Wachstumsstufen, von Samen und Spuren der Botschaft Gottes in der Welt´, die Weise der 'göttlichen Pädagogik'. Die Spannung zwischen der an die Grenzen und "existentiellen Peripherien" (MV 15) gehenden Liebe und Barmherzigkeit Gottes und dem sich auf dem Weg daraufhin bewegenden, wandernden Volk Gottes, welche die Verkündigungsbulle aufgezeigt hat, wird auch nach der Synode bestehen, ja vielleicht noch

deutlicher hervortreten und angesprochen werden können
.

Auch wenn ich persönlich vielleicht enttäuscht sein werde, dass die ebenfalls eingebrachte Denkform ‚Freundschaft' sich nicht in erhoffter Weise zur tieferen Erschließung des Ehesakramentes kommunizieren ließ oder aber ihre Zeit noch nicht gekommen ist, fühle ich selbst diese Enttäuschung gerade gewandelt in die Zuversicht, dass die Suche nach der Verheutigung des Geheimnisses des Evangeliums Jesu Christi in der modernen Welt auch ‚nachsynodal' weitergeht – und auch weitergehen muss. Der Weg, die Ausrichtung daraufhin ist das Ziel im Blick auf die nächsten Monate des synodalen Prozesses, auf die Zeit der Synode wie nach der Synode auch in dieser Hinsicht. Und das derzeit von mancher Seite als Problem empfundene (aber für die katholische Kirche einen Meilenstein bedeutende) Jahrhundertereignis der doppelten, viele Fragen auf die Wirklichkeit von Familienformen aufwerfenden Familiensynode die Lösung für eine nach der Synode noch einmal mehr auf den Weg gebrachte ‚Kirche im Aufbruch'.

Wie bereits in einem kurz nach der Außerordentlichen Bischofssynode 2014 im Erzbistum Köln veröffentlichen Bericht in der 'AdventsZeit' gegen Ende beschrieben, erwarte ich von der Bischofssynode, dass sie in großer Einmütigkeit, getragen von einer breiten Mehrheit aller Synodalen, die Bedeutung, den Wert und die Herausforderungen der Familie in der gegenwärtigen Zeit ins Wort bringt, dabei die verschiedenen Grade der Verwirklichungsformen familialer Wirklichkeit ebenso anspricht, wie sie die Strahlkraft der barmherzigen Liebe Gottes unterstreicht und bekräftigt – so tief, umfassend und eindringlich wie unter den gegebenen Möglichkeiten auf Ebene der Weltkirche irgend möglich ist; dass sie andererseits aber auch den Auftrag neu ausspricht, vor dem Hintergrund der kulturell spezifischen Herausforderungen und Verwirklichungsformen von Familien weltweit in allen Bischofskonferenzen und Teilkirchen die Lehre zur Verheutigung der kirchlichen Botschaft auf Ehe und Familie vor Ort in den jeweiligen Kulturkreis hinein in neuer Weise übersetzen.

Ein Großteil der Arbeit, die z.Zt. allein auf die Bischofssynode hin projiziert wird, wird hier vor Ort geleistet werden müssen - im Zusammenspiel von Verbänden, Gemeinschaften und den Diözesen. Die deutschen Bischöfe haben dazu ihrerseits einen Gutteil der Hausaufgaben mit einer brillanten und z.T. online in den Synodensprachen zugänglich gemachten theologischen Arbeitshilfe, mit der in Kooperation mit dem Zentralkomitee der deutschen Katholiken gemeinsam organisierten Durchführung zweier Hearings zu familienpolitischen wie -pastoralen und

theologischen Themen im Sinne der Vor- und Nach-
bereitung der Synode wie in der Ankündigung eines
nachsynodalen Bischofswortes bereits gemacht, vorbereitet oder sich vorgenommen. Auch und gerade
das Denken, Handeln und die kirchliche Wirksamkeit
der Teilkirchen wird gefordert sein, die Lebenswirklichkeit von Ehe und Familie in den verschiedenen
Kulturen der Welt aufzugreifen – und ebenfalls Maß
zu nehmen an dem darüber hinausgehenden Motto
des Jubeljahres: „Barmherzig wie der Vater".

**"Laudato si' – oder über den gemeinsamen
Nenner von Ökologie-Enzyklika und Familiensynode"– ergänzt um einige zentrale Aspekte
des vorbereitenden Arbeitspapieres
'Instrumentum laboris'**

„Gott verzeiht immer, wir, die Menschen, verzeihen
einige Male, die Natur verzeiht nie." Diesen Aus-
spruch eines argentinischen Bauern zitierte Papst
Franziskus Anfang des Jahres auf einer Pressekonferenz auf dem Flug von Colombo nach Manila am
15.1.2015 und wiederholt in seinen Ankündigungen
der weltweit seit langem erwarteten wie in gewissen
Kreisen befürchteten Umwelt-Enzyklika 'Laudato si".
Und dieses Zitat ist schon in der Zueignung durch
Papst Franziskus insofern revolutionär, als die Aussage, dass die menschlichen Klima-Sünden tatsäch-

lich ab einem gewissen Zeitpunkt irreversibel und nicht wiedergutzumachen sind, eigentlich eine naturwissenschaftliche Annahme bedeutet und keine theologische Lehraussage im eigentlichen Sinne ist.

(Collage aus dem Titel der Ökologie-Enzyklika, dem Ausschnitt einer Werbetasche von Christ & Welt der ZEIT und dem Flyer-Deckblatt des DBK-/ ZDK-Hearings vom 18.6.15)

Revolutionär ist ebenso das daraus abgeleitete und bislang für lehramtliche Texte – unbeschadet der akzentuierten Kontinuität in der Soziallehre der Kirche – beispiellose Plädoyer für eine nachhaltige Entwicklung, und beides angesichts der Papst Franziskus sehr bewussten, spannungsreichen Geschichte in der Rezeption von naturwissenschaftlichen Erkenntnissen durch die kirchliche Lehrmeinung, die er noch auf dem Rückflug von Korea nach Rom im August 2014 in aller Vorsicht ansprach.

„[Das ist kein] leichtes Problem, denn über die Be-
wahrung der Schöpfung, die Ökologie, auch die
menschliche Ökologie, kann man bis zu einem gewis-
sen Punkt mit einiger Sicherheit sprechen. Danach
kommen die wissenschaftlichen Hypothesen, einige
ziemlich sicher, andere nicht. Und eine solche Enzyk-
lika, die lehramtlich sein muss, darf nur auf den Si-
cherheiten aufbauen, auf den Dingen, die gesichert
sind. Wenn der Papst nämlich sagt, dass das Zentrum
des Universums die Erde und nicht die Sonne ist, irrt
er sich, denn er äußert sich zu einer Sache, die wis-
senschaftlich sein muss, und so geht das nicht"
(Pressekonferenz auf dem Rückflug von Korea am 18.
August 2014).

Nach den drei großen Kränkungen des christlichen
Glaubens, dass ‚die Erde nicht Mittelpunkt des Welt-
alls' (immerhin wurde Galileo Galilei vor knapp 23
Jahren kirchlicherseits offiziell rehabilitiert), der
Mensch nicht Krone einer sieben Tage während en
Schöpfungswoche (sondern nach Charles Darwin
Produkt einer evolutiven Entwicklung) und mit seinem Verstandesvermögen auch nicht uneinge-
schränkt ‚Herr im eigenen Haus' ist (seit den psycho-
analytischen Erkenntnissen Sigmund Freuds) wird
von Papst Franziskus für einen Großteil des Christentums eine weitere Kränkung eingestanden, die mit
einer am biblischen Wortlaut festhaltenden Haltung
beinahe ebenso unaushaltbar ist: Dass der in derselben Schöpfungsgeschichte ausgesprochene Unterwer-

fungsauftrag der Welt (vgl. Gen 1,28) seine Grenzen dort findet, wo die Schöpfung als Ganze gefährdet ist und der Mensch seine und die Grundlagen der Schöpfung insgesamt gefährdet.

Aber diesmal ist die kirchliche Lehrmeinung nicht zu spät (auch wenn es in der Hinsicht einiger Naturwissenschaftler schon fünf nach zwölf ist), zumindest insofern nicht, als diese nicht nur ein Politikum, sondern in manchen Teilen der (vor allem ‚neuen‘) Welt gar anders gesehen wird; wo das, was weltweit mehrheitlich als (leid- und sorgenvoll eingestandenes) gesichertes Wissensgut angesehen wird, immer noch als vermeintliche Glaubensfrage behandelt wird (hinter der nicht selten ganz weltliche Interessen von Macht, Einfluss und wirtschaftlichem Gewinnstreben stehen). Dabei ist die Unterscheidung von Glauben und Wissen so etwas wie das ‚kleine Einmaleins‘ der katholischen Theologie. „Entweder etwas wird gewußt, dann ist es nicht Gegenstand des Glaubens, oder es wird geglaubt, dann ist es nicht Gegenstand des Wissens." (Dörnemann, Freundschaft, 80) Der Glaube ist also Grenze der Vernunft und umgekehrt die Vernunft Grenze des Glaubens. (vgl. ebd.) Sicher, das kann man auch anders sehen. Doch ist dies die Weise, wie die katholische Kirche denkt und dies mit der Enzyklika „Laudato si‘", aber auch schon mit der 1998 veröffentlichten Enzyklika „Fides et ratio" Papst Johannes Pauls II., den Werken des Thomas von Aquin etc. eindrücklich zum Ausdruck bringt. Und das kann und muss mitunter auch ein Eingeständnis bzw. die Anerkennung einer wissenschaftlichen Erkenntnis sein, mit der das Glaubensgut randschärfer gesehen und ausgedrückt zu werden vermag und die als eigenständiger ‚Flügel der Wahrheit‘ (Ebd.) niemals nie das Proprium des Glaubens gefährden kann (das per definitionem eben nicht zu wissen ist und auch niemals zu diesem in Widerspruch gebracht werden darf).

Dieselbe Perspektive der Wahrnehmung von Wirklichkeit kennzeichnet das „Hören" auf das „Was Familien sagen", wie das erste gemeinsame Hearing des Zentralkomitees der Deutschen Katholiken und der Deutschen Bischofskonferenz – beinahe zeitgleich wie die Veröffentlichung der Ökologie-Enzyklika am 18.6.2015 – in Berlin überschrieben war. Auch bei der Definition des Familienbegriffes haben wir es nicht – auch wenn es nicht wenige ‚glauben machen‘ wollen – mit einer Glaubensfrage zu tun, sondern mit der Wahrnehmung einer nicht nur durch biblische Zeiten hindurch sehr pluriformen sozialen Größe:

„Denn im Alten und Neuen Testament ist die Familie im heutigen Verständnis unbekannt. Vielgestaltig stellen sich die Familienformen sowie das Verhältnis von Familie und Religion bereits im Alten Testament

dar. [...] Abgesehen von einem anders ansetzenden ,Familienverständnis' – bajit [...] bezeichnet die Hausgemeinschaft, mishpa cha [...] bezeichnet einen Clan innerhalb eines Stammes – finden sich polygame Familienformen wie Jakob mit Lea und Rahel (Gen 29) oder aber Verbindungen, die auch Sklavinnen in die Familie integrierten (wie bei Abraham und Hagar; Gen 16) oder das Institut der Leviratsehe (Gen 38)." (Vgl. Dörnemann, Ehe und Familie, 42)

Und auch zur Zeit des Neuen Testaments bleibt unser heutiger Familienbegriff dem biblischen Denken fremd. Der Familienbegriff des Neuen Testaments drückt sich in den Begriffen oikos bzw. oikia aus, wobei die jeweilige Bedeutung der Hausgenossenschaft nur dem jeweiligen Kontext zu entnehmen ist. Dabei nimmt es der Bedeutung von Ehe und Familie als erstem Lernort des Glaubens und Schule der Liebe nichts, wenn man das Christentum etwa im Gegensatz zum Judentum und zum Islam gar als Familien relativierende Religion bezeichnen muss. So heißt es im Neuen Testament:

„Wer um meines Namens willen Vater, Mutter, Kinder oder Äcker verlassen hat, wird dafür das Hundertfache erhalten und das ewige Leben gewinnen", heißt es bei Mt 19,29. Oder: „Wer Vater oder Mutter mehr liebt als mich, ist meiner nicht würdig, und wer Sohn oder Tochter mehr liebt als mich, ist meiner

nicht würdig" bei Mt 10,37. Auch wenn in diesen Formulierungen auf das den Familienbereich über- steigende Gottesreich abgehoben wird, verweist das Neue Testament darin implizit zugleich ein Verabso- lutieren der Familienloyalität zurück: Die Nachfolge Jesu beansprucht Priorität vor allen familiären Bin- dungen." (Ebd., 43)

Und es kommt nach katholischer Lehre überhaupt nicht darauf an, Sozialformen – möglichst unversehrt – in den Himmel zu bringen (manchmal kann auch eine Trennung einen Heilsweg bedeuten, und nicht von ungefähr heißt es: „…bis dass der Tod Euch scheidet"), sondern auf das Heil und Glück des Ein- zelnen – auf das hin freilich Ehe und Familie in be- sonderer und vielfältiger Weise hingeordnet sind. Und genau das ist die Aufgabe der diesjährigen Fa- miliensynode wie des gesamten bald zwei Jahre wäh- renden synodalen Weges: angesichts der Wahrneh- mung und des 'Hörens' der Herausforderungen von Familien heute (= I. Teil des am 23.6.2015 veröffent- lichten Vorbereitungsdokumentes 'Instrumentium laboris') ihre Berufung und Mission orientiert am Evangelium Jesu Christi in der modernen Welt ge- nauer zu beschreiben (vgl. II. und III. Teil des 'Instrumentum laboris'). Dabei wird es angesichts des Wandels der Formen familialen Lebens in der heuti- gen Gesellschaft und in den unterschiedlichen Kultu- ren darauf ankommen die graduelle Reifung, Öffnung

und Annäherung der Beziehungsformen aufzunehmen (Vgl. Instrumentum laboris 43, 57, 63, 103) und
darin die „Stufen der Liebe im Prisma der Analogie"
in neuer Weise zu beschreiben, wie H.M. Christmann
einen Abschnitt der entsprechenden Frage 23,1 der
II-IIae der Summa Theologiae des Thomas von
Aquin in seinem Kommentar der Deutschen Thomas-
ausgabe, Bd. 17 A (S. 420) bereits im Jahr 1959 ein-
leitet. Auch wenn wir es auf der diesjährigen Synode
nicht erleben werden, dass „[d]ie Stufen der Freundschaft im Lichte der Analogie" – wie Christmann
einen weiteren Abschnitt (Ebd., S. 426) überschreibt
– in Hinblick auf die Ehe angedacht werden (wie es
etwa im Blog-Beitrag vom 14.2.2015 mit Bezug auf
Thomas von Aquin versucht wurde), wird es doch der
in der Umwelt-Enzyklika und dem Abschlussdokument der vorausgegangenen Familiensynode ausfor-
mulierte Gedanke der Orientierung an der Wirklichkeit des Lebens (unter Einbezug der für das Arbeitspapier 'Instrumentum laboris' aus allen Teilkirchen
angefragten Wirklichkeitsbeschreibung) derjenige
Ausgangspunkt sein, in den hinein die befreiende
Botschaft der Liebe Gottes zu entfalten ist. Die Ehe
ist genau das Abbild (nach Eph 5,32) der in Jesus
Christus mitgeteilten Liebe Gottes zu uns Menschen;
genau das ist der schmale und doch so tief reichende
Grund der dogmatischen Lehre.

Alles entscheidet sich im Verständnis der Ehe, wie
wir die in Jesus Christus offenbar gewordene und bis

in den Tod durchgehaltene Liebe Gottes zu uns Menschen deuten und sie in Bezug auf Lebenswirklichkeit der Menschen von heute erschließen. Nach der Ökologie-Enzyklika ist dies der nächste – innerkirchlich wie gesellschaftlich nicht minder bedeutsame – Meilenstein für die Glaubwürdigkeit und Zukunftsfähigkeit des Christentums in der heutigen Zeit. Beides, die Umwelt-Enzyklika wie der synodale Prozess zu den Fragen rund um Ehe und Familie – selbst und gerade da, wo sie sich „an alle" (vgl. Laudato si' 3), wenden – , sind das Gegenteil einer 'Anpassung an den Mainstream' oder an eine 'Globalisierungsideologie', wie Kritiker immer wieder 'glauben machen' wollen, sondern die bewusste Wahrnehmung der Zeichen der Zeit um der Zukunft von Schöpfung und Menschheit, der Relevanz und des Propriums des Glaubens, um des Evangeliums willen.

Wie Ökologie-Enzyklika ist auch das gerade veröffentlichte Arbeitspapier 'Instrumentum laboris' Ergebnis der 'pastoralen Kreativität von Papst Franziskus' (Ebd., Nr. 147). Ähnlich wie die Enzyklika möge - wie der Sondersekretär der Bischofssynode Erzbischof Bruno Forte in der Pressekonferenz am 23.6.2015 bezogen auf den weiteren synodalen Prozess sagte - ein "offener Prozess angestoßen werden, der ein gemeinsames Unterscheiden erfordere". (Vatican Insider vom 23.6.2015)

"Der beste Wein kommt noch!" – oder der pädagogische Ansatz des Vorbereitungsdokumentes 'Instrumentum laboris' der Familiensynode

(Papst Franziskus am 7.7.15 in Guayaquil / Ecuador)

"In der Familie – und das können wir alle bezeugen – geschehen die Wunder mit dem, was da ist, mit dem, was wir sind, mit dem, was einer zur Hand hat [...] oft ist es nicht das Ideal, nicht das, was wir erträumen oder was 'sein sollte'",

sagte Papst Franziskus in einer Predigt zu Beginn seiner Lateinamerikareise in der ecuadorianischen Hafenstadt Guayaquil vor geschätzten 1 Millionen

147

Gläubigen. Papst Franziskus bezog sich in derselben Predigt ausdrücklich auf die Familiensynode im Oktober dieses Jahres, dessen Vorbereitungsdokument ('Instrumentum laboris') seit dem 1.7.2015 auch in deutscher Sprache vorliegt. Auch dieses Arbeitspapier – eine Mixture aus dem Abschlussdokument („Relatio Synodi') der vorausgegangenen Synode und Ergänzungen in Folge der weltweiten Befragung aller Teilkirchen – weiß nun aufgrund der (gerade auch aus den deutschsprachigen Diözesen eingebrachten) Rückmeldungen der Weltkirche, dass die Familie vielfach „ein Lebensideal dar(stellt), das die Empfindungen unserer Zeit und die tatsächlichen Schwierigkeiten berücksichtigen muss" (Instrumentum laboris, 42). Und nahe am Wortlaut der Eingabe aus Deutschland heißt es nunmehr nach einem Fragebogen, dem man vorgeworfen hat, die Lebenswirklichkeit vornehmlich an einem überhöhten Eheideal zu messen: die Ehe „muss als Geschenk verkündet werden, welches das Ehe- und Familienleben stärkt, und nicht als schwer zu verwirklichendes Ideal." (Ebd., 102) Und wenn es einen Gedanken gibt, der seit der Relatio Synodi des letzten Jahres noch stärker betont wird, als er vorher schon wahrnehmbar war, dann ist es der der „schrittweisen Annäherung" (Ebd., 57), der „schrittweisen Entdeckung" (Ebd., 99), der „schrittweisen Öffnung" (Ebd.,103) und „schrittweisen Reifung" (Ebd., 43) in Hinblick auf „Menschen, die zusammenleben oder nur zivil verbunden sind, [und] schrittweise ein[zu]beziehen" (Ebd., 63) sind. Möglich wird dies durch einen wertschätzenden Einbezug einer „Symphonie der Verschiedenheit" (Ebd., 83), mithilfe der es gelingt „die positiven Elemente hervorzuheben, denen man in den verschiedenen religiösen und kulturellen Erfahrungen begegnet und die eine ‚praeparatio evangelica' darstellen. (Ebd.)

Durch die bereits im apostolischen Schreiben Evangelii gaudium (EG 169) beschriebene „Kunst der Begleitung" (Instrumentum laboris, 107; 109) soll ein „Weg des Wachstums" (Ebd., 102) „in einer Sprache verkündet werden, die Hoffnung weckt" (Ebd., 75) Aufgrund der „'semina Verbi' in den Kulturen" (Ebd., 56), gelte es „die Samen des Wortes zu begleiten, die darin verborgen sind" (Ebd., 99), um in jenen „dynamischen Prozess von Stufe zu Stufe entsprechend der fortschreitenden Hereinnahme der Gaben Gottes" (Ebd., 39; vgl. FC 9) einzutreten.

...gemäß der göttlichen Pädagogik

In dieser Perspektive der ‚göttlichen Pädagogik", in der „die Erlösungsordnung die Schöpfungsordnung erleuchtet und vollendet" (Instrumentum laboris, 39), rücken beinahe wie von alleine alle existentiellen Peripherien menschlicher Lebenswirklichkeiten in den Blick. Weit weg von der noch im Vorwort des

149

Fragebogens geäußerten Befürchtung, dass die Rückmeldungen der Bischofskonferenzen „ausgehend von solchen Schemata und Perspektiven gegeben werden, die einer Pastoral eigen sind, welche lediglich die Lehre anwendet" (Einführung zum I. Teil des Fragebogens), heißt es nunmehr: „Es gilt einen Blick des Verständnisses für alle zu entwickeln, und dabei zu bedenken, dass die tatsächliche Distanz vom kirchlichen Leben nicht immer gewollt ist." (Instrumentum laboris, 36) Nicht von ungefähr wird das während der ersten Synodenwoche der letztjährigen Außerordentlichen Bischofssynode ins Wort gebrachte, in der Zwischenrelatio (vgl. dt. Übersetzung in der AH 273 der DBK) dokumentierte, wenn auch im Abschlussdokument ‚Relatio Synodi' zunächst ‚expressis verbis' wieder getilgte „Gesetz der Gradualität" unter der Ziffer 121 des Instrumentum laboris explizit (und mit Verweis auf FC 34) wieder eingeführt, in der der Umgang mit wiederverheiratet Geschiedenen angesprochen wird.

Mithilfe dieser auch in den Blog-Beiträgen der vergangenen Monate immer wieder aufgegriffenen Denkform und dem darüber möglichen Blick für die Realitäten familialen Lebens rücken auch die vielfältigen Herausforderungen von Familien in Armut und wirtschaftlicher Not und angesichts der vielfältigen kulturellen Einflüsse und Widersprüche nahe, die viele Familien der Welt betreffen.

„Traumatische Ereignisse wie bewaffnete Konflikte, der Rückgang der Ressourcen und die Migrationsbewegungen wirken sich in wachsendem Maße auf die affektive und geistliche Qualität des Familienlebens aus und stellen ein Risiko für die Beziehungen innerhalb der Familie dar. Ihre materiellen und geistlichen Kräfte werden sehr häufig an den Rand der Erschöpfung geführt." (Instrumentum laboris, 9)

Derselbe zu Beginn und im vorangegangenen Blog-Beitrag vom 18.6.2015 angeklungene Leitgedanke, Familien nicht am Idealmaß eines abstrakten Familienbegriffs zu messen, führt zu der Aufforderung, sie auch „in ihrer Zerbrechlichkeit [zu] unterstützen" (Ebd., 10) und zuallererst wertschätzend anzuerkennen. Wie schon hinsichtlich der graduellen Stufen gesagt, gilt im synodalen Vorbereitungsdokument bezogen auf das gesamte aufgezogene Spektrum der angesprochenen Familienformen – unabhängig von ihren Problemen, ihren Zerbrechlichkeiten und mancher Unvollkommenheit –, dass die Familie „Eckpfeiler des sozialen Lebens" (Ebd., 11) „„Ressource für die harmonische Entwicklung jeder menschlichen Gesellschaft" (Ebd.) und eine „Schule reich entfalteter Humanität" (Ebd., vgl. GS 52) ist.

...für eine neue Ausrichtung und pastorale Umkehr der Kirche

Diese Wertschätzung muss deshalb nach Maßgabe des Instrumentum laboris mit einer „affektiven Teilnahme" (Ebd., 110) einhergehen, in der "sich die Kirche die Freuden und Hoffnungen, die Schmerzen und die Ängste jeder Familie zu Eigen" (Ebd.) macht. Gemäß seinem bischöflichen Wappenspruch „Miserando atque eligendo" hält Papst Franziskus seine Kirche zu einem liebevollen Blick an, durch den die Wahrnehmung und Unterstützung des konkreten Menschen erst möglich wird:

„Es braucht also eine Kirche, die fähig ist, den Mutterschoß der Barmherzigkeit wiederzuentdecken. Ohne Barmherzigkeit ist es heute kaum möglich, in eine Welt von 'Verletzten' einzudringen, die Verständnis, Vergebung und Liebe brauchen." (aus der Ansprache zu den Bischöfen Brasiliens am 27.7.2013 im Rahmen des Weltjugendtag 2013)

Das Leitmotiv des Pontifikates von Papst Franziskus, die Barmherzigkeit, grundiert und unterfasst die ‚göttliche Pädagogik' des Vorbereitungsdokumentes von Beginn an, wie es in diesem Blog am 19.5.2015 bereits angeklungen ist. „Der große Fluss der Barmherzigkeit" (Instrumentum laboris 106) lässt „die unendliche Barmherzigkeit Gottes erfahren" (Ebd.,

107), die unausschöpflich ist. Zweimal zitiert das Vorbereitungspapier die Ankündigungsbulle des im Dezember dieses Jahres beginnenden Heiligen Jahres der Barmherzigkeit und davon einmal mit dem theologisch an die Grenzen gehenden Satz:

„Aus dem Herzen der Dreifaltigkeit, aus dem tiefsten Innern des göttlichen Geheimnisses entspringt und quillt ununterbrochen der große Strom der Barmherzigkeit. Diese Quelle kann niemals versiegen, seien es auch noch so viele, die zu ihr kommen. Wann immer jemand das Bedürfnis spürt, kann es sich ihr nähern, denn die Barmherzigkeit Gottes ist ohne Ende" (Ebd., 108 bzw. MV 25).

Was bereits schon mit der Ankündigung des Heiligen Jahres der Barmherzigkeit spürbar wurde, dass die Theologie der Barmherzigkeit auch die XIV. Ordentliche Bischofssynode kennzeichnen wird, findet sich wie ein roter Faden, als pädagogischer Ansatz, auch in dem Vorbereitungsdokument: die Pädagogik der Wertschätzung des Guten, was ist, und um es weiterzuführen, auf dass es sich entfalte und vollende. „Sehen, Mitleid haben und lehren" sind für Papst Franziskus die Verben des „guten Hirten", wie er es im Rückblick auf seine Lateinamerikareise im Anschluss an das Angelus-Gebet am 19.7.15 kurzfasste. Und diese Einstellung und Wirklichkeitswahrnehmung vermag es den Familien in ihren Lebenswirklichkeiten zu begegnen: dort wo Liebe in Alltäglichkeit des Familienalltags gelebt wird. Genau in dieser Weise berührte Papst Franziskus in der zu Anfang dieses Blog-Beitrags erwähnten Messe in Guayaquil auf seiner Lateinamerikareise den Zusammenhang der Lebenswirklichkeit von Familien mit der Verheißung des Evangeliums Jesu Christi:

„Und in der Familie muss man die Liebe riskieren, muss man riskieren zu lieben. Und der Wein kommt, wenn auch alle Hochrechnungen und Statistiken das Gegenteil behaupten. Der beste Wein kommt zu denen, die heute alles zusammenbrechen sehen. Murmelt es, bis man es glaubt: der beste Wein kommt noch; flüstert es den Verzweifelten und Lieblosen ins Ohr. Gott nähert sich immer den Peripherien derer, die ohne Wein geblieben sind, die nur Mutlosigkeit zu trinken haben. Jesus hat eine Schwäche dafür, den besten Wein mit denen zu verschwenden, die aus dem einen oder anderen Grund schon spüren, dass sie alle Krüge zerbrochen haben."

"Der große Fluss der Barmherzigkeit" – oder über das schöpfungstheologische Wasserzeichen der Familiensynode und den Wandel der Erlösungsvorstellungen in der Theologiegeschichte

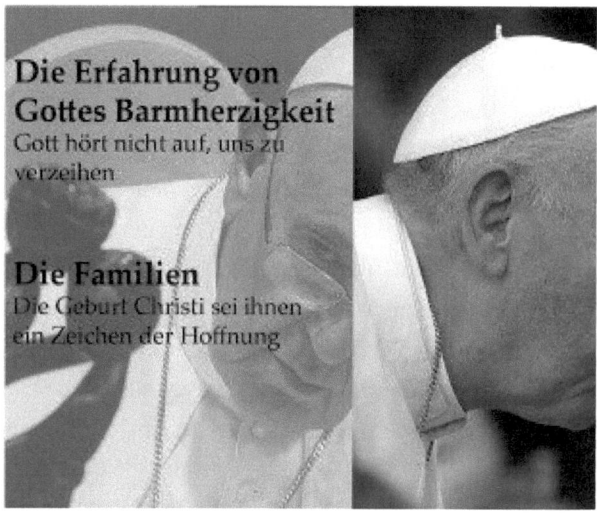

(Die Gebetsanliegen von Papst Franziskus im Dezember 2015 zum Beginn des Jubeljahres der Barmherzigkeit; Bild © KNA)

Dass nicht nur die Lehre um Ehe und Familie (wie am 19.4.15 und 18.6.15 beschrieben), sondern auch Erlösungsvorstellungen entsprechend der Geschichte des christlichen Erlösungsglaubens in den Kontexten der jeweiligen Zeit einem Wandel unterliegen können, würde wahrscheinlich nicht nur manchem jungen Theologen auch noch heute als eine gewagte These erscheinen, anderen ängstlicheren gar als häretisch oder als eine dem Relativismus und dem vielzitierten Mainstream sich andienende Provokation gelten. Aber eine – auch nur ungefähre – Kenntnis von einem ‚Wandel der Erlösungsvorstellungen in der Theologiegeschichte' gehörte eigentlich zum theologischen Basiswissen; und fehlt doch nach meinen universitären Erfahrungen nicht nur bei den allermeisten Studienabsolventen der Theologie. Durch einen niedrigen theologischen Grundwasserspiegel kann die – psychologisch insofern noch einmal verständlichere – Haltung, die jeweils geltende kirchliche Lehre samt ihren immer auch zeitbedingten Verstehensmodellen für 'unveränderlich' zu halten bzw. als 'zeitlos' und 'ewig' anzusehen, im Grundsatz ebenso wenig verwundern, wie die aus derselben Unkenntnis gespeiste journalistische Aufschneiderei, die Papst Franziskus in populistischer Weise noch vor wenigen Wochen (nicht zufällig wohl am Tag der Seligsprechung des Befreiungstheologen Oscar Romeros) vollmundig „Simplifizität" unterstellte, insofern ‚ihn Theologie einfach nicht interessiere'. (Spiegel vom 23.5.2015)

Unverhohlen wird auch von privaten, aber sich höchst offiziös gebenden ‚katholischen Internetmagazinen' kolportiert, dass bei der letztjährigen Außerordentlichen Synode in Anwesenheit des Papstes „Verwirrung" und „Unruhe" hinsichtlich der ‚unveränderlichen Lehre' entstanden sei und Papst Franziskus gar als ihr eigentlicher „Architekt und Lenker dieser Richtung" identifiziert.

Das Wasserzeichen der Schöpfungsspiritualität

Tatsächlich spannt Papst Franziskus aber einen weit größeren theologischen Bogen als viele seiner Kritiker ahnen (können), insofern dieser im Anschluss an eine breite theologische Strömung der östlichen und patristischen Tradition ein lange außer Acht gelassenes kosmologisches Denken der Christentumsgeschichte in neuer Weise wieder einbezieht, wie es gerade in der weltweit vielgelobten Schöpfungsenzyklika Laudato Si' wahrzunehmen ist. Bislang wurde – und das ist vielleicht auch Kennzeichen der insofern bedauerlichen Auffächerung des theologischen Fächerkanons in vier Bereiche mit insgesamt etwa 12 Einzeldisziplinen – die Schöpfungsenzyklika vor allem aus Sicht einer Einzelwissenschaft der systematischen Fächergruppe, aus der Perspektive der Christlichen Sozialethik begutachtet. Anerkannt wurde im Zuge der Veröffentlichung dieses jüngsten päpstlichen Lehrschreibens gegen den Widerstand fundamentalistischer Kreise, deren beispielhafte Einbeziehung naturwissenschaftlicher Erkenntnisse, insbesondere das päpstliche Eingeständnis des durch Menschen verursachten Klimawandels sowie das eindringliche Plädoyer für eine ‚ökologische Umkehr' und ‚nachhaltige Entwicklung', und schließlich die Aussagen der Enzyklika in Bezug zu der bisherigen Lehrtradition sozialethischer Stellungnahmen eingeordnet. Zu diesem Zusammenhang ist auch am Tag der Veröffentlichung der Enzyklika in diesem Blog am 18.6. bereits vieles ins Wort gekommen. Über die Sozialethik hinaus reichen die Grundaussagen der Enzyklika Laudato Si' aber beträchtlich tiefer und könnten (und müssten) eigentlich alle theologischen Disziplinen zu einem Relaunch ihrer Grundaussagen herausfordern. Die gesamte Schöpfung – so lautet die bislang in dieser Weise vom Stuhle Petri nie gehörte theologische Ansage aus Rom – ist in der „Ordnung der Liebe angesiedelt.

"Die Liebe Gottes ist der fundamentale Beweggrund der gesamten Schöpfung: ‚Du liebst alles, was ist, und verabscheust nichts von allem, was du gemacht hast; denn hättest du etwas gehasst, so hättest du es nicht geschaffen' (Weish 11,24). Jedes Geschöpf ist also Gegenstand der Zärtlichkeit des Vaters, der ihm einen Platz in der Welt zuweist. Sogar das vergängliche Leben des unbedeutendsten Wesens ist Objekt seiner Liebe, und in diesen wenigen Sekunden seiner Existenz umgibt er es mit seinem Wohlwollen. Der heilige Basilius der Große sagte, dass der Schöpfer auch „die unerschöpfliche Güte" ist, und Dante Alighieri sprach von der „Liebe, welche die Sonne und die Sterne bewegt". Daher steigt man von den geschaffenen Werken Gottes auf „zu seiner liebevollen Barmherzigkeit". (LS 77)

Indem Papst Franziskus in der Enzyklika Laudato Si'
sogar Menschwerdung, Leben, Sterben und Auferstehung Jesu Christi in seinen schöpfungstheologischen
Entwurf einbegreift (vgl. LS 96-100) und immer
wieder im genauen Wortlaut betont, "dass alles miteinander verbunden ist" (vgl. LS 16, 91, 117, 138),
wird deutlich, wie sehr die Schöpfungstheologie und
-spiritualität ein durchgehendes Wasserzeichen des
Pontifikats von Papst Franziskus und seines theologischen Denkens sind. Und diese sowohl an der ge-
danklichen Ausrichtung des II. Vatikanischen Konzils wie vor allem der Pastoralkonstitution ,Gaudium
et spes', an die Tradition keltischer Theologie und
darüber an die griechische Patristik und ihr kosmologisches Denken anknüpfende schöpfungstheologische
Perspektive hat es theologiegeschichtlich in sich!

**Der Wandel der Erlösungsvorstellungen in der
Theologiegeschichte**

Mit den zu Beginn bereits zitierten Worten des eme-
ritierten Dogmatikers Gisbert Greshake über den
„Wandel der Erlösungsvorstellungen in der Theologiegeschichte" möchte ich die Aufmerksamkeit lenken auf eine von ihm schon im Jahr 1973 für möglich
gehaltene und m.E. mit dem Pontifikat Papst Franziskus angesichts der ökologischen, kirchlichen und
gesellschaftlichen Herausforderungen gut 40 Jahre
später tatsächlich eingeleitete Ergänzung des lehramt-

lich noch bis in die jüngsten Tage allein vorherrschenden lateinisch-westlichen Typs der Erlösungsvorstellung durch eine am Schöpfungsgedanken ausgerichteten Soteriologie im Sinne der griechisch-östlichen Tradition. Bestand die überkommene lehramtliche Denk- und Sprechweise im Grunde aus Variationen einer Soteriologie des lateinisch-westlichen Typs mit ihrem Fokus auf der rechtlichen Bereinigung des Gott-Mensch-Verhältnisses und ihrer Frage, wie denn der Einzelne frei von Sünde und Schuld werde (die Frage, die schon im Mittelalter auch den Reformator Martin Luther umtrieb), orientiert sich das kosmologische Erlösungsverständnis griechisch-östlicher Provenienz an dem in Schöpfung und Bibel gleichermaßen zu erkennenden Wirken Gottes, der Wahrnehmung und Wertschätzung alles Geschaffenen und dessen Einbeziehung in einen pädagogischen Prozess der Vervollkommnung. War schon das II. Vatikanische Konzil bei der behutsamen Neujustierung seiner Aussagen in Bezug auf die Erlösungslehre nicht nur in seiner Pastoralkonstitution darum bemüht, einen Dualismus von Natur und Gnade zu vermeiden und theologisch auszugleichen, findet sich diese Perspektive des Zueinanders von Erlösungs- und Schöpfungsordnung im Pontifikat von Papst Franziskus – nicht ungefähr parallel zur weitestgehenden Rehabilitierung der Befreiungstheologie – in beinahe allen lehramtlichen Aussagen – und vor allem in der Schöpfungsenzyklika Laudato

Si' und einer darin ins Wort gebrachten Schöpfungs-spiritualität. Erinnernd an die patristischen Väter Irenäus und Basilius, an Hildegard von Bingen oder den großen Schöpfungstheologen Thomas von Aquin, aber auch an den mittelalterlichen Mystiker Meister Eckhart zitiert Papst Franziskus insbesondere seinen Namenspatron, den heiligen Franziskus, der uns „in Treue zur Heiligen Schrift nahe [bringt] die Natur als ein prächtiges Buch zu erkennen, in dem Gott zu uns spricht und einen Abglanz seiner Schönheit und Güte aufscheinen lässt." (LS 12) "Das ganze materielle Universum ist ein Ausdruck der Liebe Gottes, seiner grenzenlosen Zärtlichkeit uns gegenüber. Der Erdboden, das Wasser, die Berge –alles ist eine Liebkosung Gottes." (LS 84) Diese Grundgedanken und die 'Sorge für das gemeinsame Haus' haben Papst Franziskus bewogen, den 1. September auch in der katholischen Kirche zum 'Tag der Schöpfung' auszurufen, wie er in der orthodoxen Kirche schon lange gefeiert wird:

Gott hat ein kostbares Buch geschrieben, dessen „Buchstaben von der Vielzahl der im Universum vertretenen Geschöpfe gebildet werden". [...] Gut haben die Bischöfe von Kanada zum Ausdruck gebracht, dass kein Geschöpf von diesem Sich-Kundtun Gottes ausgeschlossen ist: „Von den weitesten Panoramablicken bis zur winzigsten Lebensform ist die Natur eine ständige Quelle für Verwunderung

und Ehrfurcht. Sie ist auch eine fortwährende Offen-
barung des Göttlichen." [...] Wahrzunehmen, wie
jedes Geschöpf den Hymnus seiner Existenz singt,
bedeutet, freudig in der Liebe Gottes und in der
Hoffnung zu leben." Diese Betrachtung der Schöp-
fung erlaubt uns, durch jedes Ding irgendeine Lehre
zu entdecken, die Gott uns übermitteln möchte, denn
„die Schöpfung zu betrachten bedeutet für den Gläu-
bigen auch, eine Botschaft zu hören, eine paradoxe
und lautlose Stimme wahrzunehmen". [...] So können
wir sagen: „Neben der eigentlichen, in der Heiligen
Schrift enthaltenen Offenbarung tut sich Gott auch im
Strahlen der Sonne und im Anbruch der Nacht kund."
(LS 85)

Die Bedeutung der Schöpfungstheologie für die Familiensynode

Welche Bedeutung das schöpfungstheologische Denken für die im Oktober beginnende Familiensynode
hat, lässt sich – gleich einem in allen lehramtlichen
Verlautbarungen Papst Franziskus' durchscheinenden
Wasserzeichen – auch dem jüngsten Dokument der
Vorbereitung, dem Instrumentum laboris ablesen.
Was in der Enzyklika Laudato Si' für die gesamte
Schöpfung ausgesagt ist, gilt selbstverständlich auch
für den Menschen: "Es gilt, von der Überzeugung
auszugehen, dass der Mensch von Gott kommt und
dass daher ein Nachdenken, das die großen Fragen

über die Bedeutung des Menschseins neu stellt, angesichts der tiefen Erwartungen der Menschheit auf fruchtbaren Boden fallen kann." (Instrumentum laboris 35 bzw. Relatio Synodi 11) Aufgrund dieser positiven Anthropologie, die mit einer grundsätzlichen Aufgeschlossenheit des Menschen für die christliche Botschaft rechnet, heißt es im direkten Anschluss, dass „[d]ie großen Werte der christlichen Ehe und Familie jener Suche [entsprechen], welche die menschliche Existenz durchzieht, auch in einer von Individualismus und Hedonismus geprägten Zeit." (Ebd.) Und gemäß dem bereits die Schöpfungstheologie von Papst Franziskus prägenden Verständnis, dass die Schöpfungsordnung von der Orientierung auf Christus hin bestimmt ist (Instrumentum laboris 39 bzw. Relatio Synodi 13), dass die Erlösungsordnung die Schöpfungsordnung erleuchtet und vollendet, heißt es im Sinne der im vorangegangenen Blog-Beitrag am 19.7.15 ausgeführten ‚göttlichen Pädagogik":

Man muss die Menschen in ihrer konkreten Existenz annehmen, es verstehen, ihnen bei ihrer Suche beizustehen, sie in ihrer Sehnsucht nach Gott und in ihrem Wunsch, sich ganz als Teil der Kirche zu fühlen, ermutigen, auch jene, die eine Erfahrung des Scheiterns gemacht haben oder sich in verzweifelten Situationen befinden. Die christliche Botschaft enthält immer die Wirklichkeit und Dynamik der Barmher-

zigkeit und der Wahrheit, die in Christus zur Einheit geführt werden. (Instrumentum laboris 35 bzw. Relatio Synodi 11)

An dieser Stelle übersetzt sich der angesprochene positive Blick auf den je Einzelnen in eine Wertschätzung einer Gradualität von Lebensentwürfen und eine Dynamik im Sinne eines pädagogischen Prozesses auf eine Vervollkommnung – wie bereits ebenfalls am 19.7.15 ausgeführt.

... und die Einladung 'zur Revolution der zärtlichen'

Um dieses Programm nicht nur auf der kommenden Synode in einem möglichst großen Konsens und bezogen auf einige virulente Einzelfragen – ihnen wird neben dem Rückblick auf den zurückliegenden zweijährigen synodalen Prozess mein letzter Blog-Beitrag vor Synodenbeginn am 1.9.15 gewidmet sein – möglichst einvernehmlich weiterzuführen, sondern auch in Kirche und Gesellschaft Wirklichkeit werden zu lassen, bedarf es kirchlicher Mitarbeitender auf allen Hierarchiestufen, bedarf es Christen, die selbst eine Erfahrung mit der barmherzigen Schöpfungsliebe gemacht haben, ja die selbst im großen „Fluss der Barmherzigkeit" (Vgl. Instrumentum laboris 106) stehen: Es geht letztlich darum, ob wir selbst diese schöpfungstheologisch fundierte Erfahrung glauben und teilen können, dass

„[a]us dem Herzen der Dreifaltigkeit, aus dem tiefsten Inneren des göttlichen Geheimnisses [...] ununterbrochen der große Strom der Barmherzigkeit [entspringt und quillt]. Diese Quelle kann niemals versiegen, seien es auch noch so viele, die zu ihr kommen. Wann immer jemand das Bedürfnis verspürt, kann er sich ihr nähern, denn die Barmherzigkeit Gottes ist ohne Ende. So groß und so unergründlich ist die Tiefe des Geheimnisses, das sie umfängt, so groß und so unergründlich der Reichtum, der aus ihr hervorquillt.“ (Ebd. und MV 25)

Erst wenn wir diese Weise der barmherzigen sich immerzu verströmenden, schöpferischen Liebe Gottes verstanden und erfahren haben, können wir auch den Vollsinn des Wortes Barmherzigkeit verstehen, der von caritativer Mildtätigkeit etwa so weit entfernt ist wie ein freundlicher Händedruck von sexueller Ekstase, weder ein ‚von oben nach unten' meint noch ein Schlupfloch juridisch denkender Schlitzohrigkeit. Papst Franziskus fordert mit der Ankündigung eines Jubeljahres der Barmherzigkeit - wie in diesem Blog am 19.5.2015 bereits angedeutet - alle Christen dazu auf, die Einladung "zur Revolution der zärtlichen Liebe" (EG 88) mitzuvollziehen:
Nicht zu urteilen und nicht zu verurteilen bedeutet daher im Positiven, das Gute in einer jeden Person wahrzunehmen und nicht zuzulassen, dass diese we-

gen unseres begrenzten Urteils und unserer Anma-
ßung, vermeintlich alles genau zu wissen, leiden
muss. Aber das reicht noch nicht, um Barmherzigkeit
zum Ausdruck zu bringen. Jesus bittet uns zu verge-
ben und uns selbst hinzugeben, Werkzeuge der Ver-
gebung zu sein, weil wir zuerst Gottes Vergebung
erfahren haben, großzügig zu sein allen gegenüber
im Wissen darum, dass auch Gott sein Wohlwollen
uns gegenüber großzügig handhabt.

Barmherzig wie der Vater ist also das Leitwort des
Heiligen Jahres. (MV 14)

Von der „Revolution der zärtlichen Liebe – ein Vademecum zur Familiensynode"

„Ich glaube, dass dies die Zeit der Barmherzigkeit ist", sagte Papst Franziskus beim Rückflug vom Weltjugendtag nicht einmal ein halbes Jahr nach seiner Papstwahl. Ich habe dieses Zitat an den Anfang des Vorworts dieses Buches gestellt, nachdem ich über zwei Jahre seit der Ankündigung der Familiensynode den synodalen Prozess verfolgt und in den vorausgegangenen Beiträgen Tag für Tag, Monat für Monat nachzuhalten versuchte. Und mit der in den letzten Beiträgen einbezogenen Schöpfungsenzyklika ‚Laudato Si'' ist noch einmal deutlicher geworden, wie sehr die theologische Botschaft von Papst Franziskus von ‚Revolution der zärtlichen Liebe' (EG 88) in einer Schöpfungstheologie gründet, nach der „das ganze materielle Universum [...] Ausdruck der Liebe Gottes [ist], seiner grenzenlosen Zärtlichkeit uns gegenüber [...] – alles ist eine Liebkosung Gottes." (LS 84)

Papst Franziskus wählte heute u.a. diese Verse für eine Lesung in einem Wortgottesdienst aus Anlass des Tages der Schöpfung, den die katholische Kirche erstmals beging.

„Die Schöpfung ist in der Ordnung der Liebe angesiedelt. [...] Jedes Geschöpf ist also Gegenstand der Zärtlichkeit des Vaters, der ihm einen Platz in der Welt zuweist. Sogar das vergängliche Leben des unbedeutendsten Wesens ist Objekt seiner Liebe, und in diesen wenigen Sekunden seiner Existenz umgibt er es mit seinem Wohlwollen." (LS 77)

In demselben „Strom der barmherzigen Liebe" (EG 108) gipfelt das Geheimnis der Menschwerdung und

Auferstehung Jesu Christi (LS 96-100), die „kosmische Liebe" (LS 236) in den Sakramenten – insbesondere der Eucharistie – wie das Leben der Kirche:

„*Der Tragebalken, der das Leben der Kirche stützt, ist die Barmherzigkeit. Ihr gesamtes pastorales Handeln sollte umgeben sein von der Zärtlichkeit, mit der sie sich an die Gläubigen wendet; ihre Verkündigung und ihr Zeugnis gegenüber der Welt können nicht ohne Barmherzigkeit geschehen". (MV 10)*

Wie sehr die beiden Begriffe ‚Barmherzigkeit und Zärtlichkeit' für Papst Franziskus innerlich verbunden sind und sich wechselseitig erschließen, wird in den zurückliegenden Ansprachen und Veröffentlichungen immer deutlicher – auch wenn der letztgenannte, von Papst Franziskus oft gebrauchte Begriff der ‚zärtlichen Liebe' für unsere mitteleuropäischen Verhältnisse ungewohnt klingt und sicher das durchschnittliche kirchenamtliche Sprechen und Denken in den deutschsprachigen Diözesen eher noch nicht erreicht hat. Doch bietet gerade dieser Begriff der 'Zärtlichkeit' einen Zugang zum Vollsinn des Begriffes ‚Barmherzigkeit'. In seiner Predigt in der Christmette 2014 drückte Papst Franziskus dies in folgender Weise aus:

„*[E]s ist die Liebe, mit der er in jener Nacht unsere Schwachheit, unser Leiden, unsere Ängste, unsere*

Sehnsüchte und unsere Grenzen angenommen hat.
Die Botschaft, auf die alle warteten, das, wonach alle
tief innerlich suchten, war nichts anderes als die
Zärtlichkeit Gottes: Gott, der uns mit einem von Lie-
be erfüllten Blick anschaut, der unser Elend an-
nimmt, Gott, der in unser Kleinsein verliebt ist.
Wenn wir in dieser Heiligen Nacht das Jesuskind
betrachten, wie es gleich nach der Geburt in eine
Futterkrippe gelegt wird, sind wir zum Nachdenken
eingeladen. Wie nehmen wir die Zärtlichkeit Gottes
an? Lasse ich mich von ihm erreichen, lasse ich mich
umarmen oder hindere ich ihn daran, mir nahe zu
kommen. „Aber ich suche doch den Herrn", könnten
wir einwenden. Das Wichtigste ist allerdings nicht,
ihn zu suchen, sondern zuzulassen, dass er mich fin-
det und mich liebevoll streichelt. Das ist die Frage,
die das Christuskind uns einzig mit seiner Gegenwart
stellt: Lasse ich zu, dass Gott mich lieb hat?" (Pre-
digt in der Christmette 2014)

Das ist die Kernaussage des Evangeliums, der Frohen
Botschaft, auch wenn wir sie uns nicht häufig genug
sagen können und müssen – und gerade auch den
Begriff ‚zärtlich' immer wieder verwenden, damit er
nicht nur von Papst Franziskus gesagt wird und damit
letztlich doch nicht hier bei uns angekommen ist,
überhört wird, ‚unerhört' bleibt. Für Papst Franziskus
ist es eindeutig, dass eine Mystik der überfließenden
Liebe Grundlage ist für die Zukunft der Kirche und

nicht minder für die Zukunft der Welt. Schon in der Schöpfungsenzyklika wies er auf die Bedeutung dieser Spiritualität hin:

„Denn es wird nicht möglich sein, sich für große Dinge zu engagieren allein mit Lehren, ohne eine ‚Mystik‘, die uns beseelt, ohne „innere Beweggründe, die das persönliche und gemeinschaftliche Handeln anspornen, motivieren, ermutigen und ihm Sinn verleihen“. (LS 216)

Und wie Papst Franziskus schon in der Schöpfungsenzyklika die Kohärenz einer solchen Schöpfungsspiritualität mit einer offenherzigen Liebe allen Menschen gegenüber ebenso voraussetzt wie anmahnt, dürfen wir dies auch als Vorhersage für die pastoralen Leitlinien und theologischen Lehraussagen der kommenden Bischofssynode lesen:

„Ein Empfinden inniger Verbundenheit mit den anderen Wesen in der Natur kann nicht echt sein, wenn nicht zugleich im Herzen eine Zärtlichkeit, ein Mitleid und eine Sorge um die Menschen vorhanden ist.“ (LS 91)

Diese Zuwendung zu den Menschen bis zu den „existentiellen Peripherien" gründet für Papst Franziskus aber nicht in einem moralischen Imperativ, sondern in einer positiven Beschämung, in der Widerfahrnis, zärtlich geliebt, ja gestreichelt zu sein und darin mitgerissen zu werden in einem wahren ‚Fluss der Barmherzigkeit' (Instrumentum laboris 106).

Erst aus der Beschämung, von Gott in meinem Klein-sein geliebt zu sein, folgen für Papst Franziskus in seiner Weihnachtspredigt die Sätze, die auch als Leit-fragen zu Beginn der Schlussetappe der Familiensy-node stehen können:

„Gehen wir noch einen Schritt weiter: Haben wir den Mut, mit Zärtlichkeit die schwierigen Situationen und die Probleme des Menschen neben uns mitzutragen, oder ziehen wir es vor, sachliche Lösungen zu su-chen, die vielleicht effizient sind, aber der Glut des Evangeliums entbehren? Wie sehr braucht doch die Welt von heute Zärtlichkeit!

Und in der Ankündigungsbulle des Jahres der Barm-herzigkeit setzt Papst Franziskus fort:
„Wie sehr wünsche ich mir, dass die kommenden Jahre durchtränkt sein mögen von der Barmherzig-keit und dass wir auf alle Menschen zugehen und ihnen die Güte und Zärtlichkeit Gottes bringen! Alle, Glaubende und Fernstehende, mögen das Salböl der Barmherzigkeit erfahren, als Zeichen des Reiches Gottes, das schon unter uns gegenwärtig ist. (MV 5)

Von dieser Botschaft wird auch die Familiensynode getragen sein, wenn Sie sich den vielen Fragen zuwendet, die als neue Herausforderungen in der weltweiten Befragung identifiziert wurden und nach einer neuen pastoralen Aufmerksamkeit verlangen: die vielen vorehelichen Partnerschaften und Freundschaften, die nicht einfach nur als Sünde angesehen werden, die wiederverheiratet Geschiedenen, die ihr Leben weder für sich noch vor ihren Kindern als auf immer fortbestehende Todsünde betrachten, wie Menschen mit homosexueller Orientierung, die auch in ihrer sexuellen Veranlagung Gottes Schöpferwillen am Werke sehen.

Eins steht schon jetzt fest: Wenn die diesjährige Bischofssynode – etwa unter Aufnahme der oft genannten theologischen Schlüsselbegriffe der ‚Analogie‘, der ‚Gradualität‘, mit der Rede von ‚Semina verbi‘ oder ‚Wachstumsstufen der Freundschaft‘ – ein Erfolg wird, wird sie geprägt sein von einer Spiritualität, die nahe am ‚Herzschlag der Zeit‘ ist.

Papst Franziskus hat in der Schöpfungsenzyklika deutlich gemacht, dass es keine wirkliche ‚ökologische Umkehr‘ und Schöpfungsverantwortung geben könne, wenn sie nicht auch durchzogen ist von einer tiefen Schöpfungsspiritualität und Mystik (vgl. LS 216). Dasselbe ist auch bezogen auf die genannten, vielfältigen Herausforderungen unserer Zeit zu sagen. Ohne eine Spiritualität der Barmherzigkeit, ohne eine ‚Revolution der zärtlichen Liebe' (EG 88), werden wir die Menschen von heute nicht mehr erreichen. Nur in barmherziger Liebe und Zärtlichkeit, die über den Buchstaben des Gesetzes hinausgeht, die größere Liebe einbezieht, und darin das Gesetz erfüllt (vgl. MV 21), wird die Kirche auch als Grundsakrament dieser Liebe wahrgenommen werden. „Kirche überlebt", wie das gerade erschienene Buch von Kardinal Marx überschrieben ist. Denn die Zeit der Barmherzigkeit ist jetzt!

Gebet für unsere Erde (LS 246)

Allmächtiger Gott,
der du in der Weite des Alls gegenwärtig bist
und im kleinsten deiner Geschöpfe,
der du alles, was existiert,
mit deiner Zärtlichkeit umschließt,
gieße uns die Kraft deiner Liebe ein,
damit wir das Leben und die Schönheit hüten.
Überflute uns mit Frieden,
damit wir als Brüder und Schwestern leben
und niemandem schaden.
Gott der Armen, hilf uns,
die Verlassenen und Vergessenen dieser Erde,
die so wertvoll sind in deinen Augen, zu retten.
Heile unser Leben,
damit wir Beschützer der Welt sind und nicht Räuber,
damit wir Schönheit säen
und nicht Verseuchung und Zerstörung.
Rühre die Herzen derer an, die nur Gewinn suchen
auf Kosten der Armen und der Erde.
Lehre uns, den Wert von allen Dingen zu entdecken
und voll Bewunderung zu betrachten;
zu erkennen, dass wir zutiefst verbunden sind
mit allen Geschöpfen
auf unserem Weg zu deinem unendlichen Licht.
Danke, dass du alle Tage bei uns bist.
Ermutige uns bitte in unserem Kampf
für Gerechtigkeit, Liebe und Frieden.

Gebet zur Heiligen Familie für die Synode

Jesus, Maria und Josef,
auf euch, die Heilige Familie von Nazareth,
richten wir heute den Blick
voller Bewunderung und Zuversicht;
in euch betrachten wir
die Schönheit der Gemeinschaft
in der wahren Liebe;
euch empfehlen wir alle unsere Familien,
damit sich in ihnen die Wunder der Gnade erneuern.

Heilige Familie von Nazareth,
anziehende Schule des heiligen Evangeliums:
lehre uns, deine Tugenden nachzuahmen
mit weiser geistlicher Disziplin,
schenke uns den klaren Blick,
der es versteht, das Werk der Vorsehung
in den täglichen Wirklichkeiten
des Lebens zu erkennen.

Heilige Familie von Nazareth,
treue Behüterin des
Geheimnisses der Offenbarung:
lass in uns die Wertschätzung
für die Stille neu erwachen,
mach unsere Familien zu
Abendmahlssälen des Gebets
und verwandle sie in kleine Hauskirchen,

erneuere das Verlangen nach Heiligkeit,
stütze die edle Mühe der Arbeit,
der Erziehung,
des Zuhörens, des gegenseitigen
Verstehens und der Vergebung.

Heilige Familie von Nazareth,
erwecke in unserer Gesellschaft
wieder das Bewusstsein
des heiligen und unantastbaren
Charakters der Familie,
unschätzbares und unersetzbares Gut.
Jede Familie sei aufnahmefreudige
Wohnstatt der Güte und des Friedens
für die Kinder und für die
alten Menschen,
für die Kranken und Einsamen,
für die Armen und Bedürftigen.

Jesus, Maria und Josef,
zu euch beten wir voll Vertrauen, euch
vertrauen wir uns mit Freude an.

Personenverzeichnis

Stichwortverzeichnis

Abkürzungsverzeichnis

DH   Denzinger-Hünermann

DV   Dei Verbum

EG   Evangelii gaudium

FC   Familiaris consortio

GS   Gaudium et spes

KKK Katechismus der Katholischen Kirche

LG   Lumen Gentium

LS   Laudato Si'

MV Misericordiae vultus

STh Summa Theologiae